R 20725

Paris
1793

Delisle de Sales, Jean-Baptiste Claude Izouard (ou Isoard de Lisle) dit

Histoire philosophique du monde primitif

1

R. 2946.
C. 10.

HISTOIRE
DU
MONDE PRIMITIF

Cet Ouvrage, imprimé à Paris, avec les Caractères de Didot l'aîné, se trouve rue du faubourg Saint-Denis, N°. 55. au coin de la rue de Paradis.

Ses écrits seront chers à la race future ;
Il est cher par tes mœurs à la société ;
Dès l'enfance, il voua son cœur à la Nature
Et ta plume à la vérité.

HISTOIRE
PHILOSOPHIQUE
DU
MONDE PRIMITIF

PAR L'AUTEUR

DE LA

PHILOSOPHIE DE LA NATURE.

QUATRIEME ÉDITION.

Entièrement refondue et augmentée de plusieurs Volumes.

TOME I.

A PARIS

M. DCC. XCIII.

PRÉFACE.

Cet Ouvrage n'a pas le plus léger rapport avec le Recueil Scientifique d'Enigmes anciennes, mal interprétées, que l'Economiste Gebelin a eu la patience d'élever jusqu'à la hauteur de neuf volumes in-4°, et que, dans une sorte d'égoïsme philosophique, il a appelé son *Monde Primitif.*

Mon but, dans l'origine de mes travaux, a été de déchiffrer quelques vérités éternelles de la nature, éparses sur les monumens physiques du Globe, de les enchaîner par un fil encyclopédique, et d'en faire résulter un livre absolument neuf, qui serait l'Histoire de la Terre, avant qu'elle eût des Historiens.

Cette idée primordiale, quoique née au milieu d'un gouvernement absolu et d'une religion intolérante, qui la contrariaient sans cesse, fut accueillie, en Europe, avec quelqu'indulgence. Comme la première Edition faisait partie de la Collection nombreuse de mon *Histoire des Hommes*, on en demanda d'autres détachées, qui parurent en deux et trois volumes in-8°. Ces trois volumes, entièrement refondus, et dégagés de toutes idées hétérogènes, que l'inexpérience d'une jeunesse ardente y avait laissé introduire, en forment à peine un seul, dans l'Ouvrage, d'une ordonnance plus sévère et d'une philosophie plus prononcée, dont je fais hommage, aujourd'hui, à ma Patrie et aux Gens de Lettres des deux Mondes, tous dignes d'avoir une Patrie, puisqu'ils sont libres, par leur ame et leurs lumières, avant de le devenir par le bienfait des Gouvernemens.

En retirant notre Globe du cahos où le philosophisme et les religions émanées des hommes, semblaient l'avoir replongé, je n'ai pu m'abstenir de jetter un regard téméraire sur le secret éternel de la Nature ; de décomposer la machine infinie de l'Univers ; de pressentir la génération des Mondes, leurs métamorphoses et leur renouvellement : mais quelque hardies que soient ces spéculations, l'imagination n'y joue qu'un rôle subordonné. C'est toujours la

Physique que j'invoque, quand le Suprême Ordonnateur des Sphères célestes se tait ; c'est toujours Newton qui me pénètre de ses feux, quand j'écarte, d'une main courageuse, les ténèbres sacrées des Révélations.

Pénétré de la grandeur de mon sujet, et de l'insuffisance de mon talent, je sollicite une indulgence, à laquelle on a quelque droit quand on ouvre une grande carrière : j'ajouterais, pour la motiver encore plus, que cette Histoire du Monde Primitif, telle que je la présente aujourd'hui, est le fruit de trente ans de travaux, de recherches et d'expériences ; et que, si j'en crois un secret pressentiment, le jour viendra peut-être où elle ne sera pas jugée indigne d'être mise en regard avec la Philosophie de la Nature.

J'avais quelque titre, sans doute, en voyant blanchir mes cheveux sur de pareils ouvrages, aux regards consolateurs de mes Concitoyens ; mais un Gouvernement oppresseur, qui vient de disparaître, a trouvé plus facile de calomnier mes travaux, que de les encourager. Renfermé dans la plus sinistre des prisons, pour avoir écrit, avec quelque sensibilité, des maximes Socratiques, que la Nation entière vient enfin d'adopter, j'ai vu le glaive de la tyrannie étinceler, pendant cent quarante jours, sur ma tête ; j'ai vu cet Ouvrage sur le point de s'anéantir avec moi, sans que je pusse me flatter de rencontrer, auprès des siècles, d'autre gloire que celle de l'échafaud.

Le fiel de la vengeance n'empoisonna jamais mon ame : je pardonne à tout ce qui m'a opprimé ; mon dernier soupir de Citoyen, sera le vœu que ma Patrie soit à jamais libre et heureuse ; mon dernier soupir d'homme de Lettres, sera que mes Ouvrages, proscrits par tous les genres de factions, éclairent, un jour, jusqu'à mes persécuteurs.

ORDRE
DES TRENTE GRAVURES,
POUR LE MONDE PRIMITIF.

Tome Ier.

Portrait.
Cosmogonie de Buffon, ... pag. 105.
Hémisphère Boréal ou premier Planisphère
  céleste, ... 207
Hémisphère Austral ou second Planisphère
  céleste, ... 230
Planisphère des Etoiles Australes, ... 245
Nébuleuse d'Orion, ... 289

Tome II.

Figure de la Lune, ... 82
Carte du Globe physique, ... 268

Tome III.

Rocher Volcanique de Saint-Michel, . . . 105
Rocher Basaltique de Roche-Rouge, . . . 137

Tome IV.

Eruption du Vésuve, ... 33
Grotte de Fingal, ... 74

viij

Poisson empreint sur une ardoise, . . pag. 284
Carte de l'Allemagne, ... 287
Carte des environs d'Utrecht, ... 291
Carte de la France, ... 294

Tome V.

Carte du Monde Primitif, ... 142
Première Révolution de la Mer Caspienne, 154
Seconde Révolution, ... 161
Troisième Révolution, ... 175
Quatrième Révolution, ... 156
Cinquième Révolution, ... 158
Golfe de Perse, ... 208

Tome VI.

Mappemonde, ... 264
Ecueil de Scylla, ... 389

Tome VII.

Ariane abandonnée, ... 69
Orphée et Eurydice, ... 70
Jupiter Tonnant, ... 104
Fable des deux Renards, ... 185
Fable du Berger et du Quadrupède, . . . 186

HISTOIRE
DU MONDE PRIMITIF.

CONSIDÉRATIONS PHILOSOPHIQUES

POUR SERVIR D'INTRODUCTION

A L'HISTOIRE DU MONDE PRIMITIF.

Il y avait de la hardiesse, d'après quelques coups de pinceau jettés par la nature sur d'antiques ruines, à dessiner un monde qui n'existe plus, et dont l'imagination philosophique peut seule entrevoir la régularité.

Il y avait du courage à chercher dans la vaste et silentieuse solitude de notre globe dégénéré, le germe d'un globe primitif plus proche de son adolescence, et à conduire ainsi à l'histoire de l'homme, par celle de sa demeure.

Il résultait une grande lumiere sur la sphère des connaissances humaines, d'avoir bâti sur une géographie toute neuve le monument historique qui doit en être dépositaire, afin qu'on pût juger de la solidité de l'édifice par celle de la base.

Enfin on voyait un enthousiasme généreux pour la vérité, dans le parti de rejeter toutes les anciennes fables religieuses qui ont servi jusqu'ici d'introduction à nos rêveries sur l'antiquité, et de placer le seul frontispice dont le philosophe n'ait pas à rougir, à la tête d'une histoire universelle.

Toutes ces considérations ont fait accueillir en Europe les trois premieres éditions de cet ouvrage. On a jugé, avec une indulgence plus encourageante sans doute que légitime, que celui qui le premier avait ouvert les portes du monde primitif, avait seul le droit d'introduire les hommes dans le sanctuaire de l'histoire.

Cependant je ne dois pas me dissimuler

que mes essais sur ce globe antérieur, quoique fondés sur des principes d'une vérité éternelle, étaient trop informes pour faire époque dans l'histoire de la philosophie. Mes idées génératrices semblaient encore dans leur germe, et demandaient une série singuliere de faits pour avoir tout leur développement.

Entraîné par l'enthousiasme de ma nation, qui ne voyait dans les âges antédiluviens que les Atlantes, qui n'attachait de prix qu'à leur recherche, qui ne lisait que les livres où leur histoire conjecturale était tracée, j'avais eu la foiblesse de me prêter à son goût éphémere, et préférant le succès du moment au suffrage des siecles, j'avais dessiné de face un peuple à-demi perdu dans les nuages, qu'il ne fallait dessiner que de profil; j'avais eu la foiblesse de placer l'Atlantide sur le premier plan de mon tableau, et le monde primitif dans le lointain de la perspective.

Enfin, le dirai-je ? la France dans l'intervalle qui s'est écoulé depuis 1780, époque de la premiere édition de cet ouvrage, jusqu'au jour où elle s'est vue régénérée, n'était pas assez mûre, pour qu'on lui dît impunément la vérité sur le monde primitif; l'inquisition absurde et terrible de la censure tenait jusqu'à la physique dans les langes de l'enfance; il m'avait fallu entourer moi-même d'un voile, l'or vierge, tiré de la mine que je venais le premier d'exploiter ; j'avais été obligé, pour répandre sans danger l'évangile de la raison, d'employer la langue énigmatique des sybilles.

Tous ces obstacles qui nuisaient à la perfection de mon ouvrage ont disparu; et peut-être que cette derniere édition servira à motiver l'indulgence dont l'Europe à honoré les trois premieres.

D'abord mes idées génératrices ont acquis sous la main lente du temps, une maturité nécessaire à leur développement.

Dix années nouvelles d'étude sur l'état physique de notre globe, soit que les êtres s'y organisent, soit qu'il s'y décomposent, ont éclairci mes doutes, ont rectifié mes erreurs, et m'ont donné quelque droit d'interpréter la nature, que je n'avais fait parler originairement que dans la langue vague et énigmatique des oracles.

J'ai rassemblé dans cette intervale, par une lecture réfléchie des écrivains originaux, une quantité innombrable de faits, qui tous déposent de la vérité de mes idées primordiales. Ces faits classés avec soin vont jetter sur cette nouvelle édition une lumière, que les écrivains d'un ordre supérieur jusqu'ici avaient pu seuls entrevoir.

Guidé par ces faits, sans lesquels la théorie du globe la plus étendue n'est qu'une longue erreur, joserai créer une nouvelle géographie qui servira de base aux travaux des Danville futur, et ouvrira peut être, avant que cette génération ne soit plus, une nouvelle branche a l'encyclopédie.

Une grande partie de ces connaissances s'était classée dans ma tête depuis 1780; mais par égard pour les nombreux souscripteurs de mon Histoire universelle, j'avais cru d'abord devoir leur en faire hommage; telle est l'origine DES VUES PHILOSOPHIQUES SUR LE GLOBE, qui ouvrent l'histoire de la Grèce et du PÉRIPLE DU MONDE PRIMITIF, que je liai par une chaîne superficielle au voyage des Argonautes.

Maintenant que ces considérations, imaginées par ma délicatesse, ne subsistent plus, je ferai rentrer dans l'ordre d'architecture qui leur convient, toutes les parties de mon édifice : la théorie du globe physique et le Périple des héros de l'Orient, feront partie de mes recherches sur le monde primitif; et l'histoire de la Grèce ne renfermera plus que celle de ses mœurs, de ses arts et de ses grands hommes.

Toutes ces rectifications réunies aux faits nouveaux que j'avais péniblement rassemblés, et à la foule d'idées secondaires qui étaient nées de mes idées primordiales m'ont conduit par une gradation insensible à refondre presqu'entièrement mon ouvrage.

Il a résulté de ce nouveau travail, que l'ordre philosophique que j'adopte aujourd'hui, fait ressortir avec plus d'avantages toutes les parties un peu trop isolées de mon ancien tableau.

De plus, les parties accessoires se trouvent, par la nouvelle disposition, subordonnées à l'objet principal; ainsi, l'Atlantide qui avait usurpé un si vaste champ dans mes anciennes recherches, rentrant dans l'ordre subalterne qui lui convient, ne sera plus qu'une simple épisode dans le grand drame que jouent, sur la scène de la nature, les héros du monde primitif.

Le plus grand avantage qui naîtra de la refonte de cet ouvrage, vient certainement de l'encouragement que me donne la liberté de la presse. Ma plume et ma pensée n'étant plus captives, je n'irai point, par respect pour quelques préjugés théologiques, affaiblir les grands résultats de la physique : je n'invoquerai pas, avec la lâcheté de la prudence, le suffrage des prêtres, quand la logique me dira de feuilleter le grand livre de la nature.

Non que, cherchant dans la licence un succès qui déshonore, j'anéantisse les livres sacrés sur lesquels repose la religion de l'Europe, pour donner du crédit au mien. Un historien qui parle aux hommes de toutes les classes, doit avoir une langue commune à tous, pour s'en faire entendre. Il ne doit ni aduler les préjugés religieux, ni renverser la religion sur laquelle ils s'appuient : il doit fuir avec un égal soin l'intolérance du philosophisme et celle de la crédulité.

Il y a une cosmogonie, dans le Pentateuque, dont l'interprétention littérale a empéché, pendant dix-sept cents ans, la raison humaine, de faire un pas vers la connaissance du globe. Cette vénération servile, en dénaturant la chronologie et la géographie a infecté les sources de l'histoire : elle a empêché un Newton de porter son génie créateur dans le débrouillement des époques de l'antiquité : elle a forcé Bossuet à ne point mettre de frontispice à son discours éloquent sur l'histoire universelle.

Mais pourquoi expliquer littéralement des cosmogonies religieuses, ou on a moins cherché à parler à la raison des sages qu'à la foi des peuples? Il est bien évident qu'à la formation des sociétés, les législateurs sacrés de la terre ont eu pour but de donner une base aux mœurs et non à la physique. Assurément Orphée ne se serait pas fait entendre des Thraces, ni Numa des premiers Romains et encore moins Moïse des Hébreux, si, contredisant hautement toutes les notions populaires, ils avaient donné à la tête de leurs codes sacrés les élémens du système de Copernic ou de la précession des équinoxes.

De bons esprits ont tenté quelquefois de plier, par des interprétations ingénieuses, la bible à la physique, et c'était le parti le plus sage pour dire sans danger la vérité aux hommes. C'est ainsi que le savant Astruc, pour sauver quelques contradictions de la Genèse, a fait un ouvrage pour démontrer que ce livre n'est que l'assemblage d'anciens monumens historiques, dont Moïse a fait la liaison : c'est ainsi que notre Buffon qui craignait que la Sorbonne ne brisât sa statue, composa avec la théologie, en trouvant, dans la cosmogonie du Pentateuque, la preuve, que notre globe pouvait avoir près de soixante et quinze mille ans d'antiquité.

Plus heureux que Buffon et Astruc, je

n'ai pas besoin de mettre mon entendement à la torture, pour faire coïncider au même foyer de lumières la Genèse et ma théorie du monde primitif. Moïse a laissé presque toujours le champ libre à mes recherches : il a gardé le plus profond silence sur l'histoire anté-diluvienne ; il ne s'est occupé que de la postérité en ligne directe de son premier homme, et a abandonné à mon érudition historique toutes les branches collatérales.

Le pas le plus délicat de ces préliminaires est franchi ; après avoir justifié la nature même de mes recherches et leur audace, j'aurai bien moins de peine à en justifier l'étendue.

Je sais qu'il est une foule de lecteurs vulgaires, que pourra effrayer la lecture de plusieurs volumes, sur une histoire dont je donne les premiers élémens. Accoutumés aux sentiers battus, que l'ignorance leur a frayés, ils voudraient des annales de l'anti-

quité sans préliminaires : ils demanderaient
qu'on les fît passer, sans intervalle, d'un
commentaire littéral de la Genèse sur la
cosmogonie des hébreux, aux histoires de
l'Egypte, de la Grèce et de Rome, comme
a fait le vertueux Rollin, qui a compilé,
avec plus d'élégance que de jugement, les
contes de l'antiquité; et comme ont fait
depuis, la plupart des fabricateurs d'histoires
universelles, qui ont trouvé plus commode
de compiler Rollin que les rêveries origi-
nales de Quinte-Curce et d'Hérodote.

Peut-être même se rencontrera-t-il des
hommes éclairés, mais d'un goût difficile,
qui, fatigués d'avoir erré long-tems au
travers des ruines des âges primitifs, vou-
dront ne marcher désormais que parmi les
monumens réguliers d'un monde qu'ils
connaissent, et qui, franchissant d'un saut
tous les siècles antérieurs à Périclès, ne
placeront le berceau de l'histoire qu'à l'époque mémorable où les combinaisons du

beau idéal avec le beau du la nature, trouvées par les beaux génies de la Grèce, servirent à poser les limites invariables de l'art, et à montrer aux générations étonnées, le point de perfection où l'esprit humain peut atteindre.

Il n'y a rien à répondre aux premiers adversaires du monde primitif : il ne faut point qu'une plume consacrée à peindre le beau et à chercher le vrai, se prostitue à réfuter ceux qui n'ouvrent l'histoire que pour y rencontrer des contes.

Je dois plus de respect à cette seconde classe de lecteurs qui ne croit l histoire digne d'être lue par les hommes faits, que de l'époque brillante du règne d'Alexandre.

Essayons de prouver contre ce dangereux paradoxe, que la logique la plus impérieuse me force, à l'ouverture d'une histoire universelle, d'abandonner un moment les pinceaux de Tite-Live, pour prendre ceux des Pline et des Platon, plus faits pour dessiner en grand et le globe et les hommes.

Pour apprécier tout ce que l'esprit humain doit à la Grèce des Périclès et des Alexandre, il faut savoir de quel point elle est partie, quelles sont les routes qu'elle s'est frayées, et par conséquent si elle a imprimé un caractère frappant d'originalité à ses ouvrages.

Ce plan suppose un retour sur les âges qui ont précédé le plus beau dont la raison s'honore ; il faut donc que les nations primitives s'offrent au regard avec les Grecs, et que le tableau du monde entier ne serve que d'introduction au siècle d'Alexandre.

Les premiers peuples, connus par les monumens, ne paraissent que d'hier sur la scène : tant le sol que nous habitons a éprouvé de révolutions physiques ! Tant la vanité des nations qui se sont dites autochtones, a entassé de nuages autour des époques qui précédèrent l'origine de leurs monarchies !

Quand l'histoire se tait sur les peuples primitifs, il ne reste d'autre ressource à la raison que de consulter l'architecture du globe. Les pas graduels du tems, empreints sur la surface de ce globe, marquent aux yeux du philosophe, les époques antiques, quand le genre humain n'a point de chronologie.

Et ce n'est pas un des moindres services que j'imagine avoir rendu à la raison, que d'avoir lié par une chaîne philosophique, l'histoire des empires avec celle de la nature, de manière qu'elles se prêtent un appui mutuel, et que, dans le silence de l'une, l'autre puisse être interrogée, pour qu'il n'y ait aucun vuide dans les annales du genre humain.

Quand un des plus absurdes despotes qui ait déshonoré les trônes de l'Asie détruisit, dans le vaste empire de la Chine, tous les monumens littéraires ; le sage, quelques générations après, embarrassé à trouver un fil dans ce dédale de faits contredits ou à demi oubliés, crut avoir ressuscité les annales de sa patrie, en appuyant des traditions orales sur l'observation des phénomènes célestes: mais cette méthode n'était pas assez sûre pour garantir l'authenticité d'une histoire primitive. Un lettré Chinois pouvait n'avoir aucun intérêt à tromper sur la position respective des planètes, à différentes époques : mais il pouvait en avoir beaucoup, à en imposer sur la durée de ses dynasties, et sur l'établissement des sectes de Foë et de Laokium. L'histoire du ciel n'est point liée essentiellement avec celle de la terre, et la certitude des faits humains ne dépend pas du calcul des éclipses.

Il n'en est pas de même des considérations philosophiques sur la structure du globe : elles s'enchaînent naturellement avec l'histoire des hommes qui l'habitent. Une chaleur douce sur la surface de la terre

terre, une sérénité constante dans l'atmosphère, une température de climat qui permet aux sucs générateurs de se développer, font juger qu'elle a dû être la patrie des hommes primitifs. A cet égard, la physique a autant d'autorité que Sanchoniaton et Diodore.

Et si quelquefois, dans une carrière aussi neuve que celle que j'ai osé tracer, j'avais besoin de l'imagination pour lier entre eux des faits isolés qui ne parlent qu'à elle, faudrait-il m'en faire un crime? Si je rencontre dans les vastes déserts de l'Orient des colonnes entières de marbre ou de granit, respectées par le tems, n'aurai-je pas la liberté, en les transportant doucement sur leur base, de les réunir, pour en former un temple, qui me rappelle l'ancienne magnificence de Palmyre ou d'Héliopolis?

Ce qu'on doit exiger de l'historien du monde primitif, c'est qu'il apporte un scrupule religieux à ne point dénaturer les ruines antiques qu'il déterre : c'est qu'il élève ses monumens sur le sol qui leur servait de base, et non dans les nuages : c'est qu'il juge les faits, et qu'il laisse ses lecteurs juger ses hypothèses.

Quant aux vues générales, elles peuvent paraître déplacées dans de petites histoires individuelles, mais non dans une histoire physique de la terre, qui sert de préliminaires aux annales du genre humain. L'architecte du globe doit marcher en dévoilant tous les secrets de la nature; comme le Jupiter d'Homère, il doit faire trois pas, et au quatrième, atteindre le mécanisme de l'univers.

Qu'on ne m'objecte pas que Buffon partit d'autres principes, quand il imagina son grand ouvrage : Buffon, à certains égards, a écrit le roman de la nature, et moi j'ose en écrire l'histoire : il est vrai que, par-tout dans le livre du Pline Français, la bizarrerie de l'ordonnance est couverte par la richesse des détails : la route qu'il fraye offre tant de sites pittoresques, qu'on marche toujours sans s'embarrasser si elle a pour terme le néant : trop heureux moi-même, si une composition plus sévère ne nuit point aux grandes vérités que j'expose, et si, après avoir lu avec charmes dans Buffon une Odyssée sur le monde primitif, on a le courage ici d'en lire les annales !

DE L'ARCHITECTURE GÉNÉRALE
DU GLOBE ACTUEL,

L'homme de génie, qui après avoir créé l'iliade ou l'esprit des loix, voit la mort au bout de sa carriere, regrette moins son existence fugitive, quand il réfléchit que tout, jusqu'à sa demeure, passe par des périodes de naissance, de développement et de destruction. Il se dit : je ne dois pas subsister plus long-temps que le théâtre où je joue ; trop heureux que l'immortalité que je dois à mon génie, dure jusqu'au moment où la nature, en transportant la scène sur d'autres globes, baisse la toile à jamais pour le genre-humain.

Mais cette grande vérité, que le globe,

composé de matières, qui, par leur mouvement interne, se modifient et se décomposent, n'a jamais été le même deux instants de suite, cette grande vérité, dis-je, a tellement été infirmée par les préjugés de l'ignorance et encore plus par les sophismes des demi-lumieres, que dans le plus beau siècle dont la raison s'honore, je me vois obligé de la démontrer, comme si c'était un paradoxe.

Afin de procéder par la voie lente, mais sure de l'analyse à la solution du problème, jettons d'abord un coup d'œil rapide sur l'architecture générale du globe, et voyons si ce qui existe autour de nous nous donnera quelques lumieres, sur ce qui a dû exister à la naissance des âges.

Suivant les découvertes de l'astronomie qu'il faut consulter, plutôt que les dogmes des Cosmogonies religieuses, la terre, opaque, ainsi que les autres planètes, n'a de lumiere, que celle du soleil qu'elle réfléchit, et dont elle est éloignée de plus de trente-quatre millions de lieues.

Sa révolution dans notre monde planétaire, est l'effet combiné de la force d'impulsion qui s'exerce dans la tangente de son orbite, et de la force de gravitation qui la ramene vers le soleil : cette combinaison des deux mouvements lui fait décrire une ellipse.

La terre, en décrivant son ellipse autour du centre de son Systême, tourne sur elle-même en vingt-quatre heures; mais il lui faut une année pour achever sa carriere elliptique; cette année, si elle est Tropique, ou calculée d'après le retour des saisons, est de trois cents soixante-cinq jours, cinq heures, quarante-huit minutes et quarante-cinq secondes : elle est plus longue de vingt minutes et de vingt-cinq secondes, s'il s'agit de l'année Sidérale.

La figure du notre globe est celle d'une Sphéroïde, plus élevée sous son grand cercle de rotation et plus abaissée aux deux extrémités de son axe; la différence des deux calculs mathématiques, est un cent soixante et quinzième : ce qui donne à notre terre environ huit lieues et demi de plus de hauteur sous l'Équateur que sous les Poles.

Si on adopte pour ses évaluations la lieue arbitraire des astronomes, composée de 2283 de nos toises, il en résulte que notre globe a 2865 lieues pour son diamètre moyen, 9000 pour sa circonférence, 12, 310, 521, 722 lieues cubiques pour sa solidité, et 25, 858 089 lieues quarrées pour sa surface.

A l'inspection de cette surface sur les globes méchaniques de nos géographes, elle porte tous les caractères de la plus grande irrrégularité.

L'étendue de la terre n'y est en aucune proportion avec celle des mers qui la divisent et l'environnent. L'académie des sciences, en 1693, avait laissé imprimer dans ses mémoires que les deux superficies étaient égales, mais cette évaluation dérivée d'idées Platoniques sur les contre-poids, toute plausible qu'elle était à l'imagination du philosophe, était en géographie, un mensonge imprimé : il est reconnu aujourd'hui que la terre, en réunissant les continents et les isles, n'embrasse que le tiers de la surface du globe.

Cette terre n'est point partagée par bandes alternatives et parallèles à l'Équateur, comme la planète de Jupiter : elle offre, au contraire, aux regards étonnés, trois massifs principaux, bizarrement divisés, qui n'ont pas plus de rapport apparent entre eux que les élémens dans le cahos d'Hésiode.

L'un de ces massifs est l'ancien continent, formé de l'Asie de l'Afrique et de l'Europe, qui commence à quelques degrés du Pole-Nord, vers l'extrémité de la Terre des Samojedes, et qui, loin de se terminer à quelques degrés du Pole-Sud, s'arrête à peu de distance du Tropique, c'est-à-dire, au Cap de Bonne-Espérance.

Le second ou l'Amérique, composé de deux vastes Péninsules, réunies par l'Isthme de Panama, commence à-peu-près à la hauteur de l'autre continent, mais finit beaucoup plus près du Pole Antarctique, au détroit qui sépare la contrée des Patagons de la Terre de Feu.

Le troisieme massif, dont la surface est à-peu-près celle de notre Europe, forme, sous le nom de Nouvelle Hollande le corps des Terres Australes : il s'étend le long du Tropique du Capricorne, qui le partage dans sa plus grande étendue en deux parties presqu'égales, son extrémité Méridionale se trouvant ainsi très-éloignée du Cercle Polaire, et la Septentrionale assez voisine de l'Équateur.

Ces trois massifs n'ont sur le globe, où

la main du hazard semble les avoir placés, aucun rapport ni de direction, ni d'étendue, ni de correspondance.

L'ancien monde est plus dirigé au Nord de l'Équateur qu'au Sud : le nouveau l'est plus au Sud qu'au Nord : pour le monde Austral, il est tout entier au Sud. D'ailleurs il peut y avoir des espèces de points de contact entre les deux premiers continents, du côté de notre Pole, par le Groënland et à l'extrémité Orientale de la Tartarie Russienne par le Détroit du Nord, qui n'offre qu'un intervalle de dix à douze lieues entre l'Asie et l'Amérique : mais le troisieme, isolé dans sa zone Australe, ne communique à la Presqu'isle de l'Inde, située aux limites de l'ancien continent, que par cette vaste étendue de l'Océan, où sont les isles de la Sonde et les Philippines : pour l'Amérique, il en est séparé par la moitié du globe.

L'étendue des trois massifs n'a pas plus de rapport que leur direction.

Si on mesure le plus ancien par une ligne qui soit en diagonale avec l'Équateur, et qui commençant au Nord de la Tartarie Orientale, se termine au Cap de Bonne-Espérance; il en résultera d'après le calcul de Buffon, une étendue du 3600 lieues de terres, qui n'est interrompue que par les especes de lacs qu'on nomme la mer Rouge et la mer Caspienne.

Le second massif considéré depuis l'embouchure de la rivière de la Plata, entre le Paraguay et la terre Magellanique, jusqu'aux landes marécageuses du Nord-Ouest, qui s'étendent au-delà du lac des Assiniboils, forme une ligne de 2500 lieues de long, qui ne souffre d'interruption que par le Golfe du Mexique.

Pour le massif des Terres Australes, si, d'après des cartes Anglaises, on le mesure dans sa plus grande étendue, le long du Tropique, depuis la Baye de Keppel, jusqu'à celle des Goulus, on ne trouve que quarante degrés, c'est-à-dire, environ mille lieues astronomiques.

Le monde Austral a donc quinze cents lieues de longueur de moins que le nouveau monde, qui lui même est inférieur, d'onze cents à celui qui réunit l'Europe, l'Asie et l'Afrique.

Les trois massifs offrent des différences non moins frappantes, par rapport à leur surface quarrée. Le comte Carli évalue celle de l'Europe, de l'Asie et de l'Afrique réunies, à 4, 940 780 lieues quarrées, et celle de l'Amérique seule à 2, 140, 213; pour le monde Austral, qui n'a pas encore été mesuré avec cette précision géométrique, Cook, par approximation, ne lui donne qu'un peu plus de la superficie de l'Europe.

Quant à la correspondance des trois massifs, d'où devrait résulter une sorte d'équilibre, dans le globe, il est évident qu'elle n'existe pas. L'Hémisphère Arctique est presque tout en terres, et l'Hémisphère Antarctique, serait tout en mers, sans une partie de l'Amérique Méridionale, l'extrémité de l'Afrique et les Terres Australes.

Une autre bizarrerie de la configuration du globe, c'est que les mers du Pole-Nord sont infiniment plus accessibles que celles du Pole-Sud aux navigations de nos Argonautes : les glaces se fondent en été, au quatre vingtieme degré de notre latitude, et ce phénomène semble n'arriver en aucune saison au soixantieme degré de la latitude opposée: On a vu des vaisseaux Hollandais s'élever au-desus du Spirtzberg, jusqu'à deux degrés du Pole, tandis que Cook, le plus intrépide navigateur qui ait existé depuis le monde primitif, n'a pu se faire un passage d ans l'Hémisphere opposé, au travers des montagnes de glaces, qui, a peu de distance de son Cercle Polaire, lui servent de barrieres. Voilà donc quatre cents cinquante lieues, que l'absence des continents au Pole Austral semble arracher à l'empire de la nature.

On peut, d'après ce même voyage mémorable, se faire une idée précise du contraste des deux Poles, sur leurs zones de glaces : il est certain que celles du Pole Antarctique, ont envahi sur l'Océan un espace six fois plus étendu que celles du Pole Arctique, et assurément la pésanteur spécifique de la glace, a trop peu de rapport avec celle de la terre, pour qu'il en résulte une sorte d'équilibre entre les montagnes de glaces du Pole-Sud, et les chaînes de la Nouvelle Zemble et du Spirtzberg.

Les mers qui, si le globe était sans la moindre aspérité, renfermeraient assez d'eaux dans leur sein pour le couvrir jusqu'à la hauteur de deux mille huit cent toises sur toute sa surface, les mers, dis-je, obéissent à un mouvement d'oscillation, qui dans l'espace de vingt-quatre heures, souleve et abaisse deux fois leurs flots; mouvement que rien ne peut anéantir, tant que le soleil et la lune, qui en sont le principe, auront quelqu'influence dans notre système planetaire.

Or, cette force périodique, toute soumise qu'elle est aux loix éternelles que Newton nous a dévoilées, n'imprime pas un balancement égal à la masse totale des mers; elle a infiniment plus d'énergie sous l'Équateur, qu'au de-là des Tropiques ou dans ces ceintures Polaires qui semblent le tombeau de la nature.

Ajoutons que ces mers ont un mouvement constant d'Orient en Occident, qui tend sans cesse à détruire l'organisation actuelle du globe. Les géographes, les voyageurs et les astronomes se réunissent sur ce point; c'est en vertu de cette pente irrésistible, que la mer Pacifique fait effort contre les côtes de la Tartarie, que la mer des Indes lutte contre la côte Orientale de l'Afrique, et que l'Océan Atlantique, tend sans cesse à envahir le rivage Oriental du nouveau monde.

Cette même irrégularité, qu'on apperçoit d'une vue générale, dans la coupe des continents et dans la direction des mers, s'observe encore en détail dans la charpente des montagnes.

Le monde Austral, quoique son intérieur ne soit pas connu, semble reposer sur une chaîne de montagnes primitives, qui doit le partager dans une ligne parallèle à l'Équateur.

Le nouveau monde s'appuie sur les Cordilieres, les plus hautes montagnes du globe actuel : et l'Isthme de Panama une de leurs branches-mères, protege de deux côtés ce continent contre la masse des mers qui tend à séparer les deux Amériques.

Les trois parties du monde ancien que nous habitons ont chacune pour base une chaîne de monts primordiaux, dont les ramificaions s'étendent inégalement sur la majeure partie de leur surface.

Le Caucase, la plus auguste des montagnes de l'univers, parce que nous la verrons le berceau de l'espèce humaine, domine sur l'Asie presqu'entière, soit sous son nom, entre le pont-Euxin et la mer Caspienne, soit sous ceux de Taurus, d'Immaüs, de Paropamise, des monts du Tibet, jusqu'à l'extrémité de la Chine et à la mer des Indes.

Le plateau de l'Afrique a pour fondement les monts primitifs des Atlas, qui se modifient en cinq chaînes : dont l'une s'étend jusqu'à l'Isthme de Suez, après avoir jetté une de ses branches vers le détroit de Babelmandel; une seconde s'approche de nos mers, du côté de Tripoli; une troisième se porte du côté du Cap Tagrin en Guinée; une autre se prolonge au Cap de Bonne-Espérance, et la dernière aboutit en face de l'isle de Madagascar.

Les Alpes forment la charpente de notre Europe, et y dominent, soit par le tronc primitif, soit par l'Appenin, une partie des Pyrenées et les montagnes de la Grèce, qui sont les branches collatérales.

L'irrègularité de tous ces groupes de montagnes colossales, qui règnent sur les trois mondes, n'échappe pas à l'observateur qui étudie sans préjugés, l'architecture générale du globe.

D'abord, quoiqu'en général les plus hautes soient plus proches de l'Équateur que des Pôles, on ne sçaurait, comme Buffon, faire de cette idée, un principe générateur, qui explique la théorie de l'univers.

Quand on considère le globe, sans esprit de système, on voit qu'à l'exception d'une Zone de l'Afrique et de l'Amérique et de quelques isles de la Sonde, la ligne entière répond à la mer. Sur 9000 lieues, il n'y en a que 1750 en terres, qui soient partagées par l'Équateur.

Les détails ne sont pas plus favorables que l'inspection génĕrale, au principe que j'ose infirmer.

Il n'y a gueres en Afrique que les monts de la Lune qui avoisinent la Ligne, les autres chaines s'en écartent singulièrement, surtout celle de Tripoli, qui se prolonge vers notre Méditerrannée.

Le Pline de la France a adopté un paradoxe, quand il a cité le Caucase et les Alpes, en preuve de sa théorie; le Caucase est à cinq cents lieues et les Alpes a près de six cents de l'Équateur.

Il est vrai que la branche-mere des Cordilieres qui domine le Pérou, est précisément sous la Ligne : mais aussi cette chaine s'approche du Pole par les extrémités de ses branches collatérales, du côté du détroit de Magellan et de la baye d'Hudson.

La direction des grandes chaines du globe

connu, porte encore une empreinte d'irrégularité, qui empêche les yeux vulgaires de reconnaître, dans les ouvrages de la nature, cette unité d'ordonnance qui en fait la sublimité.

Les Alpes, le Caucase, le mont Atlas, ont en général leur direction d'Orient en Occident ; mais les Pyrenées l'ont du Sud-Ouest, au Nord-Ouest : les Gates, qui séparent dans l'Inde, la côte de Malabar de celle de Coromandel, s'étendent du midi au septentrion, et la chaîne principale des Cordilieres, se prolonge assez également du Nord-Ouest au Sud, depuis le détroit du Nord jusqu'à celui de Magellan.

Telle est, pour ainsi dire, la composition des élémens qui entrent dans la contexture générale du globe : on voit que rien ne semble s'y rapporter à un plan primitif ; mais ne nous hâtons pas de prononcer sur ce défaut apparent d'architecture : nous ne tarderons pas à nous appercevoir que les ruines mêmes, au travers desquelles nous marchons, voilent un édifice d'une conception sublime, de la part de l'éternel architecte.

DE LA GÉOGRAPHIE

SOUTERRAINE.

Si nous entrons dans l'intérieur du globe, nous y trouverons des routes, en apparence aussi infidèles, que celles qui sont tracées sur sa surface, et à moins que nous ne tenions en main le fil de la philosophie, nous nous égarerons dans les détours vastes et silentieux de cet inextricable labyrinthe.

Il n'y a point de physicien, que le hazard n'ait conduit dans une des ravines profondes qui sépare les deux flancs d'une montagne secondaire, soit qu'elle soit isolée, soit qu'elle s'adosse à une montagne primordiale.

Le torrent qui a emporté la terre végétale, qui enveloppait ces flancs dépouillés, laisse découvrir sans effort, la structure intérieure de la montagne.

Le premier objet qui frappe un œil observateur, c'est que cette montagne est composée de couches, placées l'une sur l'autre, comme autant de sédiments, qui seraient tombés par succession de temps au fonds des eaux.

Ces couches sont presque toujours horisontales, comme si un fluide coulant uniformement leur avait donné naissance.

Des productions marines, telles que des squelettes de poissons et des coquillages, s'offrent à chaque instant aux regards : on en rencontre non-seulement dans les couches molles, comme dans la marne ou l'argile, mais encore dans les couches plus compactes, comme dans le marbre. Les Wodoward, les Pallas et les Buffon, ont observé que ces productions marines étaient tellement incorporées avec la substance solide qui les renfermait, que lorsqu'on les en séparait avec la pointe d'un instrument, cette substance en conservait l'empreinte avec une exactitude presque géométrique.

Si on descend des flancs de la montagne, pour creuser dans l'intérieur du vallon sur lequel elle repose, on apperçoit, non sans admiration, les mêmes phénomènes.

Si ensuite on interroge les voyageurs qui ont parcouru les continents du globe et ses isles, on reconnaît que tous ceux qui ont été physiciens s'accordent à donner par-tout les mêmes résultats.

Mais ces preuves d'une uniformité constante dans l'organisation primitive de notre monde, semblent bientôt démenties par des traces d'irrégularité aussi visiblement empreintes dans l'intérieur de sa structure que sur sa surface.

D'abord, on observe que les divers lits qui forment la charpente intérieure d'une montagne sont divisés d'ordinaire par des fentes perpendiculaires, qui vont en se dégradant insensiblement, du sommet jusqu'à la base, et qui représentent parfaitement les gerçures d'un sol desséché.

Ces bancs horisontaux sont séparés souvent par des espèces d'intérstices, remplis de concrétions, tantôt opaques, tantôt transparentes comme du crystal.

Il n'y a point d'uniformité d'étendue dans ces bancs : il n'est pas rare d'en voir d'un petit nombre de toises quarrées, posés sur d'autres qui ont plusieurs lieues de surface.

La plus grande partie des couches observe entr'elles un parallélisme presque parfait; mais quoiqu'en ait dit Buffon, qui a tant de fois créé la nature, au lieu de l'observer, ce fait ne s'étend pas généralement à toutes. Le grand nombre d'exceptions que la minéralogie trouve à cette théorie, annonce assez que nous foulons de temps en temps aux pieds les ruines d'un monde primitif.

Un grand phénomène, sur lequel s'accordent les naturalistes, c'est que les différentes couches, dont le globe est composé, ne sont pas disposées suivant leur pésanteur spécifique. Les lits de matiere pésante sont très-souvent posés sur des lits de matière légere : par exemple, de la roche brute sur des détriments de coquilles, et du marbre sur de l'argile.

Enfin le globe, sur quelques points de sa surface, semble surmonté d'une espèce de croute de décombres : cette croute forme un amas bisarre de terres, de cailloux, d'argile, jettés çà et là sans plan primitif; pour comble du singularité, elle est entremêlée jusqu'à son centre de dépouilles végétales et de détriments d'animaux. Cette réunion de tant de substances hétérogènes semble annoncer le combat des deux principes sur le globe, avant qu'il devint le théâtre des dissentions des hommes.

Toutes ces irrégularités, je le sçais, ne désignent qu'un désordre accidentel : elles sont une suite des vicissitudes d'une matiere qui, n'étant point élémentaire, tend sans cesse à se modifier. Mais comment parviendrons-nous à reconnaître, dans ce cahos qui nous blesse, l'harmonie qui a existé ? Comment sur une toile mutilée et sans coloris, ferons-nous revivre le tableau original qui est sorti des mains de la nature ?

Les erreurs en ce genre sont d'autant plus sûres, que la géographie souterraine est une science presque à son berceau. La patience du naturaliste n'a rassemblé encore qu'un petit nombre de faits ; et il faut suppléer à la série qui nous manque, avec la logique de l'entendement.

La géographie souterraine est la connaissance du globe, prise depuis sa surface, jusqu'à la plus grande profondeur où l'industrie humaine puisse atteindre.

Maupertuis, qui avait un grand nom au milieu de ce siècle, avant qu'une satyre, plus ingénieuse qu'exacte, l'eut voué au ridicule, ne dit point une absurdité, quand dans sa LETTRE SUR LE PROGRÈS DES SCIENCES, il assura que nous ne connaissions rien de la Terre intérieure ; que nos mines les plus profondes, entamaient à peine sa première écorce, et qu'il serait bien à souhaiter que nous pussions étudier les phénomènes de la gravitation, jusque dans les profondes cavités qui avoisinent son noyau.

Il ne faut pas mettre ici en parallèle le noyau du globe avec le noyau d'un fruit, qui n'est que l'enveloppe de son germe. Le globe n'a point de germe, Saturne ou Jupiter ne l'ont point fécondé, et il n'est pas hermaphrodite comme Tirésias.

Le noyau du globe, pris dans l'acception populaire, supposerait un éloignement de quatorze cents lieues de sa surface, et assurément les travaux de tous les hommes réunis, pendant soixante siècles, ne suffiraient pas pour atteindre à une telle profondeur ; la démence qui ordonnerait une excavation de quatorze cents lieues, serait égale à celle qui érigea une tour du Babel, pour s'élever jusqu'à la région des étoiles.

Le noyau du globe, pris dans un sens philosophique, est le globe même, depuis le point central, jusqu'à la hauteur où il commence à éprouver les grandes révolutions qu'il doit à la pression des mers, à l'action des feux souterrains et aux influences de l'atmosphère.

Il semble d'abord très-difficile de déterminer ce point, qui semble séparer le globe vierge, du globe soumis à toutes les vicissitudes de la nature : mais un calcul de la plus grande simplicité, peut conduire du moins par approximation à la solution du problème.

S'il existe un monument des efforts prodigieux de la nature, qui s'organise, c'est lorsque la terre roulant dans l'origine des tems sur son axe enflammé, vomit de ses entrailles ces masses énormes de rochersgranitiques, dont la tête, même sous la **Zone Torride**, est ceinte de glaces éternelles.

Il est de la dernière vraisemblance que le théâtre des révolutions du globe ne s'étend pas au de-là des bases de ces montagnes de granit ; autrement son sein déchiré par une force assez puissante pour déraciner les Alpes ou les Cordilières, menacerait à chaque instant de devenir le tombeau de la race humaine.

C'est donc depuis la région des nuages, où ces montagnes cachent leur tête, jusqu'au fond des abîmes où leur base repose, que la nature semble exercer ses terribles influences. Au-delà, son empire plus pacifique va sans cesse en décroissant, jusqu'à ce qu'elle arrive au centre même du globe, où elle n'existe peut-être que par le pouvoir de graviter.

Mais où est cette base de la charpente du globe, qui semble la ligne de démarcation entre la force expansive de la nature, qui se déploye et sa tendance au repos ?

Les naturalistes et les voyageurs physiciens qui ont vu cette nature par leurs yeux et non par les livres, s'accordent à croire que la base des montagnes de granit peut se mesurer par la profondeur des abîmes de l'Océan qui leur correspond.

Parmi les expériences délicates qu'on a tentées sur ces mesures, il faut distinguer celles que fit le comte de Marsigli, non loin des Pyrenées : instruit que le Canigou, la pointe qu'on a cru long-temps la plus élevée de cette chaîne, avait été trouvée par notre grand Cassini, de quatorze cents toises au-dessus du niveau de la mer, il mesura celle qui lui correspond et il la trouva de la même profondeur.

Le même essai a été fait par Pontoppidan dans la mer du Nord, par Dom Ulloa, dans celle de l'Amérique, par Donati au golfe de Venise, et par Dampier, dans les divers parages où il s'arrêta, lors de son voyage autour du monde, et par-tout l'essai donna le même résultat : d'où l'on peut donner comme un principe général, que la profondeur des mers, à quelque distance du rivage, est toujours proportionnée à la hauteur des montagnes qui le couronnent.

Maintenant si on calcule quelle est la plus haute montagne du globe, on trouvera que c'est un des pics des Cordilières, qui s'élève d'un peu plus de trois mille toises au-dessus du niveau de la mer, et on pourra en conclure, sans crainte, que sa base se termine aussi à trois mille toises dans les abîmes de l'Océan qui lui correspond.

Dix-huit mille pieds au-dessus de la surface des mers, et dix-huit mille au-dessous, servent donc à-peu-près de limites à la force qui organise les êtres ou qui les décompose. Plus loin la baguette magique d'Armide, semble perdre toute son énergie : le théâtre immobile est sans décorations et on touche

à

à de froids élémens, qui n'ont d'attribut que l'éternité.

Si on rapproche ce calcul, de la théorie générale du globe, auquel nous avons donné, d'après les Astronomes, 2865 lieues de diamètre, on verra que le rapport en toises, du rayon entier, a la partie du l'enveloppe que la nature livre à nos spéculations philosophiques, est de 3,271, 539 à 6000; ce qui suppose un peu plus de deux lieues et demie à l'intervale du globe qu'il faudrait étudier, et quatorze cents-trente à son stérile noyau.

Je donnai en 1777, à Ferney, les élémens de ce calcul, au grand homme qui s'était permis d'écraser Maupertuis du poids de sa gloire; et il me répondit, en souriant, que le géomètre, qui croyait avoir applati le Pole, ne valait ni mon apologie, ni ses épigrammes.

Il ne s'agit donc plus, pour avoir une théorie de la géographie souterraine, de former une excavation de 1433 lieues pour arriver au centre du globe : ce qui n'est possible qu'à la baguette des Fées ou à l'imagination gigantesque de Micromegas.

Trois mille toises au-dessus du niveau des mers, et trois mille dans l'intérieur de la terre, suffiraient, par conséquent, en dernière analyse, aux recherches du géographe; et les travaux de pareilles excavations, (supposé encore qu'elles fussent démontrées nécessaires), ne seraient peut-être pas plus faits pour effrayer un souverain ami des arts, que la construction de la grande muraille de la Chine, l'élévation du Panthéon au-dessus de la basilique de Saint Pierre, ou le méchanisme du Canal de Languedoc.

L'ouvrage, pour examiner la structure intérieure de la montagne, est moins pénible qu'on ne l'imagine : grace même aux nouvelles découvertes de la physique ou à la simple avidité des entrepreneurs des mines, à peine l'homme de génie a-t-il besoin de l'encouragement d'un Médicis ou d'un Louis XIV.

D'abord il n'est pas essentiel de choisir une montagne élevée de trois mille toises au-dessus du niveau de la mer, pour en faire la base de ses découvertes ; car il est démontré que le granit pur, dépouillé de toute terre végétale, forme les pics de tous les monts primordiaux ; on peut, sans crainte d'erreur, asseoir sa théorie sur ce principe, sans avoir besoin de joindre les yeux physiques aux yeux de l'entendement : et il est inutile, pour s'en convaincre, d'escalader le sommet du Chimboraço aux Cordilières, au risque d'y perdre, avec la Condamine, l'organe du tact et les oreilles.

Cette roche granitique forme probablement toute la charpente des montagnes primitives, depuis leur sommet jusques dans leurs fondements ; et pour mettre ce fait à l'abri de toute atteinte, on pourrait à peu de frais en faire l'expérience; du moins depuis le point où les glaçons les couronnent, jusqu'à la plaine où leurs masses énormes semblent s'asseoir.

J'ai vu moi-même, sur une des chaînes qui dominent la vallée de Graisivaudan, et dans la route au travers des Alpes, qui conduit de Grenoble à Briançon, d'énormes rochers que l'aigle seul ne trouve pas inaccessibles, et qui sont taillés à pics depuis leur pointe jusqu'à la vallée où ils reposent. Ces espèces de murailles gigantesques, derrière lesquelles la nature semble travailler en silence, m'inspiraient une vénération mêlée d'effroi : je désirais et craignais en même temps de les franchir : je rougissais et me félicitais à la fois de mon impuissance.

Le célèbre Tournefort vit ce spectacle encore plus en grand, dans son voyage en Arménie. Un côté du mont Ararat, est presque tout entier taillé à pic depuis la naissance des neiges, jusqu'à ses racines,

Le mont Ararat est, comme on sçait, une des montagnes-mères du globe : c'est là qu'une tradition plus pieuse que fidelle, place le repos de l'arche de Noë, après le grand cataclysme du déluge.

Il serait donc à souhaiter qu'un sage observateur eut le courage de suivre ces murs formidables de granit dans toute leur étendue, et qu'il employât à cette grande expérience un de ces aréostats, qui n'ont servi jusqu'ici qu'à amuser les femmes et à prouver le génie de Mongolfier.

Un travail infiniment plus utile encore, parce qu'il conduit à tracer une histoire philosophique des révolutions du globe, est l'examen approfondi des couches qui forment ces montagnes secondaires, que nous devons à l'action insensible des mers sur leur surface.

On rencontre quelquefois de ces montagnes secondaires fendues verticalement, soit par l'effet des torrents, soit par la simple dessèchement des matières qui composent leurs couches horisontales : si l'ouverture de la fente donne sur un terrein accessible, on peut l'escalader par les pentes collatérales, sans recourir à des machines, et dresser une échelle graduée de toutes les couches, pour tâcher de surprendre le secret de l'organisation du globe sur sa surface.

L'académicien Bouguer, qui voyageait au Pérou, en 1736, avoue que les montagnes secondaires qui servent de ceinture aux Cordiliéres, seraient très-favorables à des observations de ce genre, parce que tout y étant ravine ou lit de rivière, la coupe des couches s'y montre sur une ligne très-prolongée dans l'intérieur des terres. Il a vû fréquemment de ces espèces de remparts perpendiculaires, qui avaient 1200 pieds de long, sur 480 de profondeur : IL Y EN A MÊME QUELQUES-UNS, ajoute-t-il, QUI SONT DEUX FOIS PLUS GRANDS : voilà donc des abîmes de 1440 pieds, où le travail des eaux est empreint d'une manière aussi authen tique, que si on consultait les monumens de l'histoire.

Le moyen le plus usité pour résoudre ce problème, est celui de la descente dans les mines. Celle de Falun en Suède, où le cuivre s'est si long-temps exploité, n'a malheureusement que 350 aunes du pays, de profondeur : celle de Clausthal, plus connue sous le nom du profond Saint-Jean, à 1400 pieds : j'aimerais encore mieux la mine de Chemnitz en Hongrie, où il y a des travailleurs depuis onze cents ans, et qui, sur une excavation de 180 brasses, offre une étendue de près de neuf milles, dans les entrailles de la montagne. Cette espèce de ville souterraine pourrait, par les lumières qu'elle fournirait, devenir l'Herculanum de l'antique géographie.

On sçait par Agricola, que la mine de Cotteberg, alors la plus profonde de toutes celles du monde connu, avait deux mille cinq cents pieds d'excavation perpendiculaire : on en compte aujourd'hui davantage dans quelques-unes de celles du Hartz, qui ont valu à l'Allemagne tant de beaux génies en minéralogie.

On voit combien il est aisé de prendre une idée exacte de la composition des couches d'une montagne secondaire : soit qu'une mine en bloc ait été culbutée par quelque tremblement de terre, comme celle de fer de l'isle d'Elbe, sur la côte de l'Etrurie, où l'on travaille à la lumière du soleil ; soit qu'elle s'annonce par des filons réguliers, comme les mines de l'Allemagne et du Nord, qu'on ne peut exploiter qu'à l'aide des galeries.

Les plus hautes montagnes secondaires, (à l'exception cependant de quelques pics des Pyrenées), s'élèvent à peine à douze cents toises au-dessus du niveau des mers : il faut en ôter plus de quatre cents, pour l'excavation de la mine de Cotteberg : et je ne vois pas qu'un travail, sur une hauteur de 800 toises de terrein, sur-tout si on se contentait de dépouiller les flancs extérieurs de la montagne, fût au dessus des moyens d'un monarque ami des arts : assurément il en a plus coûté au duc de Savoie Charles Emmanuel II, pour percer au travers d'un immense rocher, la fameuse route des Échelles, et à l'Héroïne du Nord, pour faire venir du fond d'un marais près du golphe de Finlande, le bloc de granit du poids de près de quatre millions de livres, qui sert de base à la statue de Pierre-le-Grand dans Pétersbourg.

C'était une grande idée qu'on avait donnée à Louis XVI. de faire dresser une carte minéralogique de la France, pour connaître les trésors intérieurs d'une vaste monarchie, dont l'insouciance ministérielle ne lui montrait que la surface ; cet Atlas a été commencé grace aux travaux des Guettard et des Monnet : nous avons 16 cartes du premier, et 50 du second ; les dernières qui ne sont pas les moins précieuses, comprennent la géographie minérale du Beauvoisis, de la Picardie, du Boulonnais, du Soissonnais, de la Flandre Française, de la Lorraine Allemande, du pays Messin et d'une partie de la Champagne : mais cette grande entreprise, commencée avec une chaleur qui honorait également le souverain qui la protégeait et les physiciens éclairés qui en étaient les mobiles, n'a pas été suivi au-delà de 1780. Les génies étroits dont le trône s'est trouvé entouré, ont éloigné le meilleur des rois du projet de connaître à fond la composition physique de ses états, afin d'être à portée de faire un jour des conquêtes sur lui-même.

Cependant cette grande idée née en France, n'a pas tout-à-fait été perdue pour l'Europe : on a vu les Tilas la faire germer en Suède : les Foerber et les Glaëser en

Allemagne, et peu à peu nous aurons une géographie souterraine, si les rois ne croyent point se dégrader à faire concourir leur puissance avec le génie des naturalistes.

Au reste, ce n'est peut-être pas pour l'homme l'effort le plus pénible, que de soumettre au compas minéralogique la partie du globe qui s'élève au-dessus du niveau de l'Océan, et d'épier, dans cette espèce de pérystile du temple de la nature, le secret de l'organisation de la terre, soit dans la composition successive des couches des montagnes secondaires, soit dans l'effort terrible qui, à la naissance des âges, souleva, jusqu'à trois mille toises au-dessus des mers, le sommet des roches de granit qui forment les montagnes primordiales.

Puisqu'il semble avéré par la saine physique, que ces masses pyramidales qui composent la charpente de notre monde, ont leur base à une profondeur égale à l'élévation de leur cime, sur le niveau des mers, et que cette base est la limite des grandes révolutions de la nature, il paraîtrait, au premier coup-d'œil, très important, que l'œil scrutateur du naturaliste pût descendre jusqu'à elle, dans l'intérieur du globe, pour connaître sa demeure mobile, depuis le faîte jusques dans ses fondements.

Peut-être même que ce projet, tout paradoxal qu'il s'annonce, ne serait point d'une impossibilité physique, comme celui que l'auteur de la Henriade prêtait à Maupertuis, de percer le globe jusqu'à son centre de cristal, afin d'éclairer ses rois et ses plénipotentiaires.

Heureusement la perfection de la géographie souterraine ne demande pas, qu'un physicien aille s'ensevelir dans un abyme de dix-huit mille pieds, au dessous du sol des grandes métropoles de l'Europe.

Si une excavation de quelques centaines de toises dans l'intérieur de la terre, démontrait, (comme tout semble l'indiquer) que le granit des monts primitifs ne forme qu'un seul bloc, depuis ses racines jusqu'à sa tige, on pourrait regarder comme suffisante la preuve philosophique de l'analogie; et laissant à une frivole curiosité la prolongation d'un travail souterrein jusqu'à trois mille toises de profondeur, se contenter d'aller étudier, à douze cents, la base des montagnes secondaires qui portent l'empreinte des opérations lentes et successives de la nature.

Et quand je parle de la base des montagnes secondaires, il ne faut pas prendre ce terme dans toute la rigueur géométrique de son acception, comme lorsqu'il s'agit des monts primitifs; ces derniers ont vraiment une base, et il est prouvé, par les expériences ingénieuses des Marsigli, des Donati et des Ulloa, qu'elle peut être à trois mille toises au-dessous de la plaine où ils semblent reposer : mais les monts de seconde formation n'ont point de fondement : ils sont formés de couches de diverses matières, posées successivement sur un terrein uni que les vagues de la mer et ses courans ont été plusieurs siècles à élever ; cette grande vérité que nous ne faisons qu'indiquer en ce moment, deviendra un théorème en physique, à la fin de cet ouvrage.

En me servant du terme impropre de base pour les montagnes secondaires, je n'ai voulu que faire pressentir à des lecteurs d'un ordre supérieur, une conjecture où la série de mes observations physiques m'entraine : c'est que, si la nature a travaillé originairement à trois mille toises au-dessous de la surface de l'Océan, pour lancer jusqu'à la région des nuages, les roches primordiales, maintenant que le globe roulant paisiblement sur son axe, n'est plus à portée d'éprouver de grandes secousses convulsives, le foyer des révolutions qu'il éprouve ne doit pas se trouver à plus de profondeur dans son sein, que les montagnes secondaires n'ont d'élévation sur sa surface.

En un mot, s'il fallait descendre à trois mille toises au-dessous du sol de Londres ou d'Amsterdam, pour voir les traces de l'organisation primitive du globe, il ne faudrait pénétrer qu'à douze cents, pour en étudier la structure intérieure, et écrire les premières pages historiques des révolutions qu'il a éprouvées depuis cette époque.

Une remarque pourrait tirer cette observation de l'ordre des conjectures : c'est que les tremblemens de terre, les agens les plus connus de ces révolutions, ne partent sûrement pas de douze cents toises au-dessous du sol des villes maritimes qu'ils ont renversées.

Les tremblemens de terre doivent leur origine aux matières minérales et sulfureuses qui se trouvent soit dans les fentes perpendiculaires des éminences de seconde formation, soit dans les cavernes souterraines que les eaux ont creusées. L'explosion que cause l'incendie de ces matières, ne sçauroit se faire à douze cents toises au-dessous des rives de l'Océan, sans soulever jusqu'aux chaînes des montagnes, et faire du globe le tombeau du genre-humain.

Prenons pour exemple le tremblement de terre dont parle l'évêque d'Hyppone Augustin, et qui renversa cent villes dans la Libye : on ne peut pas supposer moins de deux cents lieues quarrées à un pays qui offre cent villes dans son étendue : or, qu'on juge de l'effroyable amas de matières qu'aurait à déplacer un feu souterrain qui agirait de douze cents toises de profondeur sur deux cents lieues quarrées de surface. Une pareille éruption aurait suffi pour anéantir tout ce qui respirait dans l'Afrique, depuis l'Isthme de Suez jusqu'au Cap de Bonne-Espérance.

L'élévation subite des isles volcaniques, du moins depuis vingt siècles, (car il ne s'agit s'agit pas ici des antiques commotions du globe, à une époque où la matière neuve encore, pouvait déployer toute son énergie), cette élévation subite, dis-je, n'annonce même pas que le théâtre de la nature, comme agent qui détruit, soit à douze cents toises au-dessous du sol de Naples ou de Pétersbourg.

La Thérasie de Sénèque, l'Hyéra de Pline et la roche volcanique des Açores, née en 1720, toutes isles formées de masses ferrugineuses, lancées au-dessus des mers, ne s'élèvent certainement pas à six cents pieds de leur rivage : ce qui, si l'on consultait la règle des Marsigli et des Donati, ne leur supposerait tout au plus que la même profondeur sous les eaux. Il est vrai que ce calcul, fait pour des masses tranquilles, telles que les éminences secondaires et les monts primordiaux, ne peut s'appliquer aux volcans, qui tendent sans cesse à s'élever, tant que le feu des pyrites couve dans leurs entrailles : mais au défaut de cette preuve, il en est d'autres non moins directes, qui combattent en faveur de notre hypothèse : on sçait, par exemple, que les sondes des vaisseaux atteignent aisément le fond du bassin de la Méditerranée, à la hauteur de l'Hyèra et de la Thérasie; on apprend aussi, par les mémoires de l'académie des sciences, qu'à l'époque où un volcan soumarin vomit l'écueil des Açores il n'y avait que quinze brasses de profondeur dans l'endroit de l'explosion.

Les volcans, qui de tems immémorial brulent dans les isles ou dans les continents, ne sont pas même des indices, que le sein de la terre s'embrase aujourd'hui à une profondeur aussi considérable que celle de douze cents toises ; dans quelques occasions rares, il est vrai, les matières qui produisent les incendies volcaniques se trouvent dans les flancs de la montagne : des physiciens l'ont conjecturé, en examinant la coupe de quelque bouches de feu adossées aux Cordilières. Je le soupçonnai moi-même il y a vingt ans, à la vue du peu de profondeur du cratère du Puy-de-Dôme, un des volcans éteints de l'Auvergne ; le voyageur Argensola le fait entendre manifestement par rapport à celui de Ternate, quand il dit que grace à certains vents qui attisent ses feux, ses explosions ne sont jamais aussi violentes que dans le temps des équinoxes : assurément les vents seraient des agens très-inutiles, pour un pareil phénomène, si c'était à douze cents toises au-dessous du niveau des mers, que devait se trouver le foyer de ses embrâsemens.

L'objection la plus forte contre cette théorie, vient des éruptions du Vésuve : on observe que quand ce volcan brûle, la Solfatare jette des flammes, et que quand l'éruption cesse, la Solfatare s'éteint aussi. Il y a donc une communication souterreine entre ces deux volcans : ce qui annoncerait que le foyer commun est sous le sol de Naples, ville située à égale distance de la Solfatare et du Vésuve, et qui malgré les reliques de Saint Janvier, payera cher un jour un tel voisinage.

Mais les principes que j'ai déjà posés me font trouver, même dans cette galerie embrasée qui réunit les deux volcans, une preuve que les explosions du Vésuve et de la Solfatare, ne se préparent pas à une très-grande profondeur dans le sein du continent; d'ordinaire les fortes éruptions s'annoncent par des tremblemens de terre qui secouent toutes les plaines intermédiaires : or, à en juger par le peu d'édifices qui s'écroulent alors dans Naples, et par le peu d'étendue des crévasses perpendiculaires qui s'ouvrent dans la campagne, il est à présumer que le foyer de la révolution n'est pas éloigné du théâtre des désastres : qu'on suppose seulement une profondeur de douze cents pieds à la galerie souterraine, il est évident que l'explosion devant être proportionnée à la résistance qu'oppose une masse aussi épouvantable, un tremblement de terre suffirait pour faire disparaître du sein des mers la Péninsule entière de l'Italie avec ses capitales.

Je suis loin d'admettre avec Buffon que tout embrâsement des volcans, ne naisse que dans les flancs de la montagne qui s'allume. Ce naturaliste qui n'a connu ce grand phénomène de la nature, que par les laves du cabinet du Roi et par ses livres, n'a pas, en pareille matière, l'autorité du chevalier Hamilton qui le refute : de ce chevalier Hamilton qui, depuis vingt ans, semble avoir choisi le Vésuve même pour sa patrie, et qui plus philosophe qu'Empedocle, a mieux aimé soumettre un volcan à son génie que de s'y précipiter.

Mon unique but, en ce moment, est de faire entendre que les secousses convulsives de la terre, qui allarment aujourd'hui les peuples, sont bien loin de se préparer à douze cents toises au-dessous de sa surface.

Une excavation de douze cents toises dans l'intérieur du globe, serait donc plus que suffisante pour jetter les bases de la géographie souterraine dont j'offre les élémens.

La nature quelquefois a fait les frais d'une partie de cette excavation ; il y a en Angleterre dans la province de Strafford, un gouffre qu'on a sondé jusqu'à la profondeur de deux mille six cents pieds perpendiculaires, sans en trouver le fonds : le génie et les guinées des membres de la société royale de Londres, pourraient encourager la prolongation de cette ouverture dans les entrailles de la terre ; les chefs d'une si noble entreprise se croiraient sans doute assez indemnisés, par les lumières nouvelles qui en résulteraient pour la minéralogie.

Boyle a dit que les plus grandes profondeurs de la terre, dues à la main des hommes, s'étendaient à peine à la huit millième partie de son diamètre; mais cette huit millième partie du diamètre de notre globe, forme une profondeur de 4900 pieds, et il n'en faudrait plus ajouter que 2300 pour résoudre notre problême.

Qu'on n'objecte pas que les gens de l'art employés a de pareilles excavations, seraient arrêtés par les eaux : il n'est rien moins que prouvé que l'eau de la mer communique partout dans l'intérieur de la terre par la voie de la filtration. Le gouffre de Strafford a été trouvé sans eaux jusqu'à la profondeur de deux mille six cents pieds. On sçait que la Hollande est une contrée conquise sur la mer, et ou sans des digues puissantes qui brisent ses vagues, cette mer recouvrerait à chaque instant son empire : cependant un géographe, dont le livre a été rectifié par le grand Newton, nous apprend qu'on fouille quelquefois les terres aux environs d'Amsterdam, jusqu'à la profondeur de 232 pieds, sans y trouver de l'eau. L'expérience, à plus forte raison, réussirait, si on la tentait dans une vaste plaine, à une grande distance de la mer, des fleuves et des montagnes.

Si l'amour de l'or a pu engager des hommes vulgaires à creuser la terre à plus de huit cents toises, pourquoi l'amour de la gloire dans un Roi qui protége, et l'enthousiasme des arts dans des artistes qui sont protégés, ne porteraient-ils pas à étendre ces excavations jusqu'à quatre cents toises de plus ; ne nous défions pas de la nature humaine, et aimons à nous flatter que tout est possible au génie réuni d'un Newton, et d'un Marc-Aurèle.

Il n'aurait tenu peut-être qu'à une héroïne de l'ancienne Babylone, de fonder la géographie physique du globe, en faisant servir à creuser dans les plaines de l'Euphrate, une partie des sommes immenses qu'elle perdit à élever la masse de ses jardins suspendus, qui quelques siècles après, n'existaient déjà plus que dans les monumens de l'histoire.

C'était à un pareil travail que les Pharaons devaient appeller ces Égyptiens, qui n'ont jamais eu d'autre génie que celui de l'audace, et non a écraser la terre de ces monuments d'esclaves qu'on appelle des pyramides.

THÉORIE PARTICULIÈRE

DES MONTAGNES.

Les faits que je viens de rassembler, conduisent à deux principes qui sont d'une fécondité sublime pour les resultats.

L'un est, que le globe au premier moment où il fût jetté par une main éternelle dans la tangente de son orbite, était depuis sa surface, jusqu'au point central vers lequel toutes ses parties gravitent, de la plus parfaite régularité.

L'autre est, que depuis cette grande époque, il a éprouvé un certain nombre de révolutions, tantôt violentes, tantôt insensibles, qui ont tellement altéré sa structure, que l'œil attentif de l'observateur apperçoit encore moins de monumens réguliers que de décombres sur sa surface.

Il y aurait de la témérité sans doute, à faire l'histoire de ces montagnes, d'après le petit nombre de faits généraux que je viens d'exposer. Le philosophe qui ne veut qu'étonner, peut bâtir, avec une imagination brillante, des mondes phantastiques, que le soufle de la raison fait bientôt disparaître ; mais l'historien qui veut être utile, ne s'aurait écrire les annales de notre globe primitif, s'il ne rassemble péniblement tous les élemens qui ont servi à la composition de ce monde : un Descartes, un Leibnitz, un Buffon, n'ont besoin, pour leur édifice, que d'un plan magnifique tracé par leur génie : pour moi, j'ai besoin d'être à la fois maçon et architecte.

Il est beau de deviner à la vue des ruines du monde dégénéré, les proportions admirables du monde primitif, comme, à la vue des caractères mobiles et épars de l'imprimerie, un sauvage bien organisé devinerait qu'un Tacite a pû écrire les annales de Rome et Homère une Iliade.

C'est sur-tout sur l'inspection approfondie de la charpente actuelle du globe, qu'on pourrait asseoir la théorie de ses révolutions.

Les grandes seraient indiquées par le tissu homogène des montagnes primordiales.

Les révolutions du second ordre le seraient par l'assemblage des élémens hétérogènes, qui sont entrés dans la structure des montagnes de nouvelle formation.

On jugerait que certaines révolutions se sont opérées par la main lente et insensible des siècles, en observant la direction horisontale des couches de la terre, leur diversité, et sur-tout leur disposition contraire à leur pésanteur.

On admettrait des secousses violentes du globe, quand on verrait les désordres de sa structure, tels que des lits rompus brusquement, un sol dégradé par le feu et la confusion des matières hétérogènes à peu de distance de sa surface.

Les premières pages des révolutions physiques de la terre sont gravées avec le burin des temps sur le massif des montagnes, et c'est d'après ces mémoires antiques et durables, qu'il en faut écrire l'histoire.

Avant de descendre à tous les détails qu'entraîne l'introduction d'un ouvrage aussi neuf que nos annales du monde primitif, il me semble nécessaire, pour me faire entendre, de transporter ici quelques colonnes de l'édifice, que nous ne tarderons pas d'élever, et de détacher quelques idées de notre système général, pour crayonner d'abord en grand la théorie des montagnes.

Les montagnes n'étaient pas nécessaires à la composition physique d'une planète comme la nôtre, qui ne tient au système de l'univers que par la gravitation de chacune de ses parties vers son centre, et par celle de la masse entière vers son soleil.

Le mouvement rapide de la terre sur son axe a dû, vers la naissance des âges, lui faire projetter, de son sein sur sa surface, les parties de sa substance, qui tendaient le plus à se consolider ; voilà l'origine des montagnes primordiales.

La matière à cette époque n'ayant pas encore eu le temps de se modifier, ces masses énormes lancées par la force centrifuge, ont dû être homogènes, et telle est l'origine de la roche vive qui compose la substance des Alpes, des Cordilières et du Caucase.

Le globe une fois consolidé, et les eaux, que le feu volatilisait, cessant de former autour de lui une atmosphère de vapeurs, les mers descendues sur sa surface ont dû peu à peu la sillonner : et de ces sillons sont nées les montagnes secondaires, qui tantôt ont formé des chaînes isolées et tantôt se sont adossées aux flancs des montagnes primordiales.

La fermentation des pyrites et des minéraux, produite par la filtration des eaux de la mer dans l'intérieur du globe, a dû y allumer une foule de volcans soumarins, dont les explosions ont donné naissance aux montagnes du troisième ordre, que j'appelle montagnes volcaniques.

Il n'est peut-être pas essentiel de faire une classe distinguée de ces petits monts hermaphrodites, qui produits à la fois du feu et des eaux, ne s'élèvent sur le sol du globe, qu'en vertu des catastrophes modernes qu'il a essuyées : leur caractère n'est pas assez prononcé, pour en faire une province particulière dans la grande carte de la nature. Au reste, les physiciens, dont l'esprit méthodique se plaît aux petites soudivisions, distinguent ces dernières montagnes par leur peu d'élévation, qui ne va jamais à plus de cent toises perpendiculaires, par leur composition interne, qui n'admet point ces lits de productions marines, tels qu'un Océan reposé pendant plusieurs siècles, a pu les étendre dans le sein d'une moutagne secondaire, et surtout par le mélange hétérogène des substances les moins analogues entr'elles, comme les coquillages, les stalactites et les squéletes d'Éléphants ou de Rhinocéros.

Le philosophe qui voit en grand les ouvrages de la nature, comme elle les a faits, n'admet que trois classes de montagnes, divisées entr'elles par des limites invariables : celles qui ont été projettées par le mouvement de la terre à une époque voisine de sa première conflagration, celles que l'Océan a organisées lentement dans son sein, et celles qui doivent leur origine, à l'incendie des pyrites dans ses cavernes, c'est-à-dire, les montagnes primordiales, les montagnes secondaires et les volcans.

Les montagnes secondaires sont le plus souvent adossées aux montagnes primitives, ou du moins s'étendent hors du tronc en forme

forme de rameaux ; on ne peut faire un pas dans les gorges des Alpes ou des Pyrénées, sans se convaincre de ce fait, sans s'appercevoir que la nature a lié ensemble les produits de l'eau avec les produits du feu.

Il en faut dire autant des petites montagnes bâtardes, qui se confondent soit avec les montagnes marines, soit avec les volcans : les seules de ce genre, que les Pallas ayent observées avec l'œil du génie, tiennent au côté Occidental de la grande chaîne des monts Ouraliens, du côté du gouvernement d'Orembourg : cependant il est à présumer que partout où le globe peut éprouver des secousses convulsives ou de violentes inondations, il peut se former de ces montagnes qui sont les monumens de nos désastres.

Les montagnes volcaniques semblent les seules à qui il convient d'être isolées, au milieu des ruines qu'elles forment, comme un despote terrible l'est au milieu de ses victimes.

Nous avons trois volcans célèbres en Europe, et tous trois sont au milieu d'Isles ou du moins de Péninsules : c'est le mont Hécla en Islande, le mont Etna en Sicile et le mont Vésuve qui touche à l'extrémité de l'Italie.

Les plus terribles volcans de l'Asie, sont dans les isles Kuriles, aux Philippines, aux Molucques, aux isles de la Sonde et au Japon.

On n'en connaît guères dans l'intérieur de l'Afrique : mais dans la partie de la mer qui baigne ce continent, on cite ceux de l'isle de Feu dans l'Archipel du Cap-Verd et du Pic de Tenériffe aux Canaries, comme redoutables par leurs explosions.

L'unique objection qu'on puisse faire contre cette vue générale, vient de ce que les volcans d'Aréquipa, de Pichinca et de Cotopaxi, tiennent essentiellement à la chaîne des Cordilières. Mais observons que l'Amérique est un continent presque neuf; il n'y a peut-être pas quinze siècles que, couvert encore, dans ses plaines, des eaux de l'Océan, il n'existait pour la nature vivante que par la chaîne de ses montagnes. Au reste le moment n'est pas venu de déchirer le voile qui couvre cette partie de nos recherches; il me suffit de faire pressentir ici qu'il y a un point de vue sous lequel on peut considérer les volcans du nouveau monde comme isolés, quoiqu'ils soient adossés à ses montagnes primordiales.

Un autre phénomène non moins important de la théorie des montagnes, c'est qu'à l'exception peut-être de celles qui sont volcaniques, elles communiquent presque toutes entr'elles; le Caucase qu'il faut considérer comme la montagne-mère, est à cet égard un arbre immense, qui, par ses ramifications, embrasse l'univers.

Le Caucase, sur une largeur de vingt-cinq

lieues, s'étend en longueur, de l'extrémité du Pont-Euxin à la mer Caspienne.

Il jette deux de ses bras vers l'Occident, dont l'un sous le nom de Taurus, partage en deux l'Asie mineure, l'autre va joindre le mont Ararat en Arménie.

Ce Taurus lui-même qui du côté de l'Occident s'étend jusqu'à l'Archipel, se prolonge en Orient par la Mésopotamie, qu'il coupe en diverses directions, va se joindre aux montagnes de Ghilan et du Curdistan et remplit la Perse entiere de ses rameaux.

Le Caucase, en entrant dans la Perse par sa branche principale, prend le nom d'Immaüs, divise la Tartarie Asiatique en deux et s'étend jusqu'aux lisières de l'Inde et à la source même du Gange.

Les Gates qui servent de murailles entre la côte de Malabar et celle de Coromandel constituent une des chaînes secondaires de cet Immaüs.

Il faut compter aussi, parmi ses ramifications, les trois grouppes de montagnes, dont l'un se prolonge jusqu'à l'extrémité de la presqu'isle de Malaca, l'autre touche au royaume de Camboye, et le dernier se termine à l'Océan après avoir partagé la Cochinchine.

Le Caucase changeant sans cesse de nom, suivant les pays où il domine, s'unit à la Chine, aux montagnes Damasiennes des anciens, se confond avec celles du Tibet, trouve des intermèdes jusqu'aux trois lignes prolongées des montagnes d'Arabie, et forme ainsi des especes de lignes de démarcation, entre les contrées Asiatiques, que la nature semble avoir destinées à être des monarchies.

Si on pénètre en Afrique, on ne trouve encore dans ses montagnes primordiales, que des anneaux de la grande chaîne du Caucase.

L'Atlas, par celle de ses branches qui cotoye la Mer Rouge et va à l'Isthme de

Suez, se lie, soit aux montagnes de la Mecque et de l'Hyémen, soit au Liban et à l'Antiliban de la Syrie, qui sont toutes des prolongations du Caucase.

On apperçoit la même correspondance entre ce premier des monts primitifs et les grands massifs qui forment la charpente de l'Europe.

Les Alpes, par une de leurs branches qui s'unit aux Cévennes, prennent entre la France et l'Espagne le nom de Pyrénées, traversent la Grenade et l'Andalousie, semblent se perdre à Gibraltar, mais se relevent avec avantage de l'autre côté du détroit, pour se lier au mont Atlas que nous venons de voir une des chaînes du Caucase.

La communication est encore plus sensible par les Apennins entre les Alpes et la première montagne du globe.

On sçait qu'une partie des Alpes qui serpente le long des états de Gênes et du

Parmesan, prend en Italie le nom d'Apennins, pour la couvrir presque toute entière de ses rameaux.

Or, le baron de Tott a prouvé dans ses mémoires, que la branche des Apennins qui traverse l'Europe de l'Ouest à l'Est, et qui sépare l'Allemagne de l'Italie, la Pologne de la Hongrie, et la Valachie de l'ancienne Thrace, après s'être plongée dans la Mer Noire, reparaît dans la même direction sur la partie Méridionale de la Crimée, laissant à peine un passage pour la communication des mers de Zabache et du Pont-Euxin; c'est le TCHADIR-DAGUR ou le MONT DE LA TENTE, qui, d'après ses observations physiques, forme la chaîne qui lie les Alpes au Caucase.

Le Caucase, comme s'il avait des droits à la monarchie universelle du globe, étend encore ses bras d'un côté vers le nouveau monde et de l'autre aux Terres Australes: mais je dois établir quelques idées préliminaires, afin d'ôter à ce principe l'apparence du paradoxe.

Le bassin des mers travaillé, depuis un nombre infini de siècles, par les eaux qui le rongent dans toutes sortes de directions, doit être hérissé d'inégalités comme nos continents, et cette idée génératrice, que nous ne faisons que jetter en ce moment sera portée dans la suite au dernier degré d'évidence, quand on verra que la terre même que nous habitons est l'ouvrage de l'Océan, qui a longtemps séjourné sur sa surface.

Il faut donc se représenter le fond de l'Océan, comme partagé par une foule de montagnes qui le font correspondre intérieurement avec les divers continents, qu'au premier coup-d'œil il semblait diviser.

Si ces montagnes sont encore cachées dans le sein des flots, elles forment les bancs et les écueils qui rendent tant de parages inaccessibles aux navigateurs.

D'ordinaire le sommet de ces montagnes s'élève au-dessus des mers, et telle est l'origine des isles : car quelqu'étendue qu'on lui suppose, une isle, qui presque toujours va en s'élevant du rivage jusqu'à son centre, ne sçaurait être regardée que comme la cime d'une montagne secondaire, dont les flancs et les racines sont encore submergés.

Si ces montagnes sont isolées, c'est une preuve qu'elles ont été lancées du fond des mers, par l'action des feux qu'elles recélent dans leur sein, et voilà l'origine des isles volcaniques.

Mais en général ces montagnes marines forment des chaînes, à l'exemple du Taurus, des Gates et des Cordilières.

Toutes les parties de l'Océan sont couvertes de ces chaînes ; il faut ranger sous cette dénomination notre Archipel Grec, les Antilles du nouveau monde, et sur-tout les douze cents montagnes marines de l'Asie qu'on nomme les Maldives.

S'il se trouve de grandes isles solitaires au milieu de l'Océan, c'est que les rameaux qu'elles jettent sont encore ensevelis sous les flots : ces rameaux de montagnes forment des écueils entre les isles dont nous parlons et les continens qu'elles regardent ; voilà pourquoi il y a tant de péril à naviguer entre le Japon et la Chine : entre Sumatra et la presqu'isle de Malaca : entre Madagascar et la côte Orientale de l'Afrique qui avoisine le détroit de Babelmandel.

Cette division géographique de la mer, tracée sur le plan de celle de la terre, caractérise la simplicité sublime de toutes les grandes opérations physiques de la nature.

Le comte de Marsigli, sur la fin d'une carrière qu'il avait rendue si utile aux arts, s'était proposé de dresser une carte où la connexité de toutes les montagnes tant

terrestres que marines, aurait été indiquée :
l'ouvrage qu'il voulait faire servir à développer cette géographie nouvelle, aurait eu pour titre : OSSATURA TERRAE ou la CHARPENTE DU GLOBE : mais il mourut, regrettant de n'avoir pas employé à élever ce beau monument, le tems qu'il perdit peut-être à écrire en six volumes in-folio l'histoire du Danube.

L'édifice que le comte de Marsigli projettait, fut commencé en 1752, par le sçavant Buache : l'essai de géographie physique qu'il inséra à cet effet dans les mémoires de son académie, annonce cette audace heureuse du talent, qui rassemble certains faits et qui en devine d'autres, pour lier à un système général les phénomènes isolés de la composition de l'univers.

Il est certain qu'une inspection un peu approfondie, seulement des isles qui couvrent nos mers, prouve la justesse des observations des Marsigli et des Buache ; si la baguette d'un nouveau Moyse pouvait enlever, pour un moment, le canal de la Manche et en faire deux murs parallèles à son double rivage, on verrait sans peine les montagnes marines, qui font communiquer la France et l'Angleterre.

Le même phénomène se verrait dans la Sicile, qui par sa position, communique certainement du côté de l'Italie avec les Apennins, et peut-être de l'autre avec les montagnes d'Afrique.

La Crète, ainsi que vient de l'observer le baron de Tott, dans le quatrième volume de ses mémoires, la Crète, dis-je, qui semble séparer en quelque sorte l'Archipel, de la Méditerrannée, est formée d'une longue chaîne de montagnes dirigée de l'Ouest à l'Est : cette chaîne, toute isolée qu'elle paraît l'être au milieu des eaux, peut être regardée comme la prolongation de celle qui du Nord de l'Adriatique, passe sur la Morée, et se retrouve en Caramanie, pour s'y rejoindre au mont-Liban.

D'après ces principes, je puis, avec quelque assurance, achever la théorie de la communication du Caucase, avec le nouveau monde et les terres Australes.

Pallas, le grand naturaliste Pallas, a prouvé que la chaîne Ouralienne, dont Strahlemberg, avant lui, avait fait la limite naturelle entre l'Europe et l'Asie, dérive du Caucase et qu'après des sinuosités innombrables, elle va se réunir par le Pôle aux pointes Boréales et Orientales de l'Asie et de l'Amérique.

Le sçavant Buache a été plus hardi encore : il a fait graver une carte de l'Océan sous l'Équateur, où il a marqué la grande chaîne de montagnes marines qui unit l'Afrique au nouveau monde ; cette chaîne se reconnaît assez sensiblement dans le plan géographique, par les isles, les vigies et les bas-fonds dont on a dessiné la coupe et le profil; elle forme une ligne d'environ huit cents lieues, qui part d'une pointe du Brésil et se termine au Cap Tagrin dans la Guinée, qui reçoit, comme nous l'avons vû, une des branches de l'Atlas, chaîne lui-même du Caucase.

Quand on veut voir en grand l'architecture générale du globe, on n'est pas même effrayé des vastes intervalles de mer, qui coupent à chaque instant la correspondance de la montagne-mère du monde, avec les terres Australes.

Nous avons vû le Caucase, au moyen de la chaîne de l'Immaüs, qui divise en deux la Tartarie Asiatique, se prolonger d'un côté jusqu'à l'extrémité de la Chine et de l'autre jusqu'à la presqu'isle de Malaca, située à quelques degrés de l'Équateur.

Si, préférant la route de la Chine, l'on part des montagnes sur lesquelles Canton est adossé, on touche à l'isle Formose, séparée, par une foule d'écueils, de l'Archipel des

Philippines, et après un trajet d'un peu plus de cent lieues, on se trouve, par l'intermède de l'isle de Gilolo, devant la terre des Papous et la nouvelle Guinée, qui ne se trouve divisée que par le détroit de l'Endeavour, du grand massif des terres Australes.

La communication par la presqu'isle de Malaca est plus courte encore : car un seul détroit la sépare de Sumatra, tige des isles de la Sonde, dont Timor, la dernière de cet Archipel, ne semble pas distant de trois degrés d'un des Caps les plus avancés de la nouvelle Hollande.

Il résulte de cette théorie, que toutes les montagnes du globe communiquent entre elles, ou par les chaînes terrestres ou par les chaînes marines ; comme tous les faisceaux fibrillaires correspondent dans le corps humain au Sensorium. Les Alpes, les Gates, la chaîne de l'Oural, sont, à cet égard les fibres des extrémités du globe et le Sensorium est au Caucase.

FAIBLESSE

DES

SYSTÊMES PHILOSOPHIQUES,

QUI EXPLIQUENT, PAR L'ORIGINE DU GLOBE, CELLE DES MONTAGNES PRIMORDIALES.

JE voulais partir des effets pour arriver aux causes, et ne point adopter, à la tête de cet ouvrage l'orgueilleuse synthèse, quand par la voie moins brillante mais plus sure de l'analyse, je pouvais, en rassemblant tous les phénomènes, en les classant avec soin, en les observant en silence, depuis le plus simple jusqu'au plus compliqué, atteindre au dernier sanctuaite où semble travailler la nature.

C'est par cette méthode que je suis parvenu à des résultats, dont j'aurais été effrayé si j'avais voulu les prédire, plutôt que les exposer : il m'en est resté une persuasion

sion intime mais douce, que je me croirais trop heureux de pouvoir faire passer à mes lecteurs.

Cependant j'ai observé que si je ne m'écartais jamais de ce principe, obligé sans cesse de cacher au public l'alignement de la route que je lui frayais, je perdrais, par cet air de mystère, mes droits à sa confiance : cet inconvénient était sur-tout sensible dans ma théorie des montagnes primordiales.

Les faits, qui donnent la plus grande probabilité à cette théorie, tiennent à une foule de phénomènes divers, que l'ordre encyclopédique, que j'ai adopté, ne me permet d'examiner que successivement : il vaut donc mieux donner un apperçu général, qui éclaire par dégrés le commencement de la scène, que de filer péniblement cinq actes d'intrigues, au milieu des nuages, pour montrer la lumière au dénouement.

On ne peut se faire une idée juste de l'organisation des montagnes primordiales, sans remonter à l'origine même du globe, dont le mouvement autour de son axe, semble les avoir fait naître.

Mais comment asseoir même des conjectures sur l'origine du globe ? lorsque la physique se tait sur la population primitive des hommes, peut-on se flatter de sçavoir quand leur demeure a commencé ? le monde, comme je l'ai fait entendre dans un autre ouvrage, est pour nous une hôtellerie où nous ne logeons qu'un jour : cependant notre esprit inquiet veut deviner d'où vient cette hotellerie : il s'élance au-delà des murs qui bornent son enceinte, et quand il a imaginé ce qui pourrait être, il dit avec confiance : CELA EST ; voilà pourquoi le monde des philosophes est si rarement le monde de la nature.

Il ne faut point parler ici de Sanchoniaton, qui du mélange d'un esprit aërien ténébreux avec une espéce d'argile qu'il appelle Mouth, fait naître notre globe: ni de Platon, qui croit avoir expliquer son origine, en le définissant le type éternel d'une représentation éternelle dans l'essence divine : ni d'Orphée qui a tant répandu dans l'Orient son système de l'œuf du monde, de cet œuf dont le jaune représente notre terre, le blanc, son atmosphère, et la coque, la voute des cieux qui l'environnent.

Toutes ces rêveries des poëtes et des philosophes, ont à peu près l'autorité de la Cosmogonie des insulaires des Célébes. A croire les Platon de ce peuple sauvage, le soleil et la lune partageaient, à la naissance des âges, l'empire de la nature : l'ambition de régner seul les divisa, et ils se battirent dans les déserts de l'Espace; la lune fût vaincue, et s'étant blessée dans sa fuite, elle accoucha de la terre qui fera naître à son tour d'autres planètes, quand elle s'ennuyera d'être seule : car elle est hermaphrodite.

Descartes est venu, et ce beau génie qui avait tant osé contre les préjugés philosophiques, n'a pas eu le courage d'avoir raison contre les préjugés théologiques. Il a supposé que l'éternel géomètre, quand il organisa notre univers, se contenta de briser, par sa toute puissance, le grand massif de cristal qui préexistait, et que les globules formés du choc de cette matière brillante violemment agitée, allèrent produire, à diverses distances, la terre, le soleil et les étoiles.

Le système de l'anglais Burnet, qui suppose que le cahos recélait de tout tems la terre dans son sein, et que dieu, pour organiser les continents, se contenta de former une coque d'argile, entre l'huile qui était à son noyau et l'eau qui couvrait sa surface ; ce système, dis-je, est plus fait pour partager les physiciens des Célèbes, que ceux de l'isle éclairée qui a produit Locke et Newton.

Laissons aussi Whiston, un autre apôtre de la préexistence du cahos, expliquer la Cosmogonie du monde, et le déluge universel des Hébreux, avec la théorie des comètes.

Le naturaliste Bourguet, si connu par son observation de la correspondance des angles d'un grand nombre de montagnes, a fait encore un rêve sur l'origine de notre globe : il a prétendu qu'après un certain nombre de révolutions sur son axe et autour du soleil, sa première structure fut détruite, que le feu se mit alors dans son sein, et que cet élément destructeur le consume lentement, jusqu'à ce que tous les êtres qu'il renferme soient anéantis.

L'Allemagne, qui a si bien mérité de l'histoire naturelle, n'a peut-être pas été plus heureuse en systêmes Cosmogoniques que la France et l'Angleterre.

Leibnitz ne s'est il pas joué de la crédulité des demi-lumières, quand il a dit que la terre pouvait bien n'avoir été primitivement qu'une tache du soleil, que cet astre a jettée hors de son atmosphère, et qui tâche sans cesse d'y retomber.

Sulzer, un des plus beaux génies de l'Allemagne, et Pallas, l'Européen qui a voyagé avec le plus grand fonds de lumières, ont tous deux été plus circonspects que les fabricateurs de Cosmogonies : ils ne s'amusent point à commenter le cahos d'Hésiode, à faire du globe une tache du soleil ou l'ouvrage de la queue d'une comète, mais partant d'un monde déjà organisé, ils tâchent de s'élever à des spéculations physiques sur son age primitif.

L'ingénieux Sulzer voyageait un jour dans les montagnes de l'Hércynie ; il y voit des ruines entassées, des preuves que d'anciens lacs, par la pression latérale de leurs eaux, contre les flancs des rochers, se sont frayé une issue dans la plaine : aussi-tôt de cette petite observation individuelle, il conclut que notre planète est presque toute entière un amas de décombres, et qu'on peut déduire l'état actuel de sa surface, d'un grand nombre d'inondations qui se sont succédées à de longs intervalles. Ce philosophe croyait, en rêvant sur un phénomène de l'Hércynie, trouver l'origine du globe, comme Newton en rêvant sur la chute d'une pomme, rencontra le système de l'univers.

L'hypothèse de Pallas est que les hautes chaînes granitiques ne furent jamais surmontées par les eaux : que la mer ne dut couvrir que les collines calcaires des plaines, dont la plus haute n'a pas une élévation perpendiculaire de plus de cent toises, et que si l'Ocean s'est retiré, il faut l'attribuer d'abord à la décomposition successive du granit qui, en augmentant les côtes, recule peu à peu son empire : ensuite aux brasiers soumarins de l'Océan des Indes, qui élevèrent tant d'isles volcaniques au-dessus de ses flots, enfin à l'ouverture d'immenses cavernes dans l'intérieur du globe, qui engloutirent une partie de la grande mer, et en abaissèrent le niveau au point où il s'est trouvé depuis l'époque de l'histoire.

La circonspection de cette hypothèse, n'offre guères plus de lumieres que l'audace de celles qui l'ont précédée : mais je dois au grand nom de son auteur d'en soumettre tous les détails au flambeau de l'analyse : ce qui ne peut se faire avec méthode, qu'à mesure que les grands phénomènes qu'il explique, avec son génie, plutôt qu'avec ses expériences, seront discutés dans le cours de cet ouvrage.

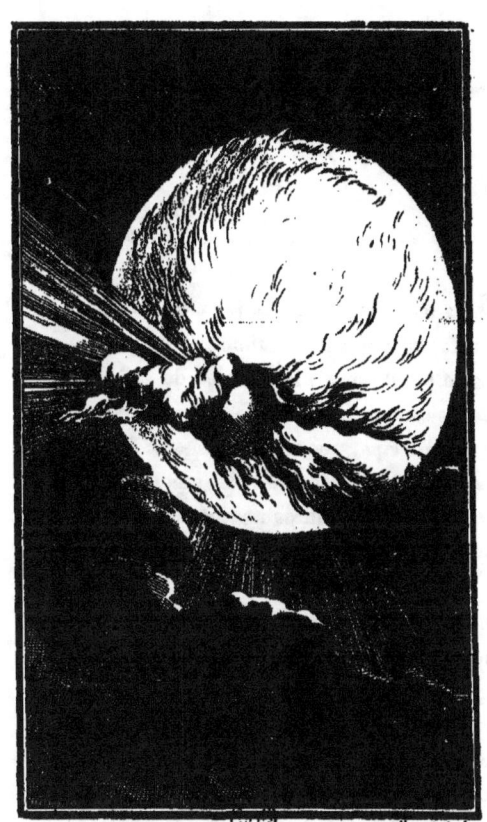

COSMOCONIE DE BUFFON.

DE BUFFON,

ET DE

SES ÉPOQUES DE LA NATURE.

Si le temps avait appésanti sa main de fer sur la Cosmogonie de Buffon, il est probable qu'elle aurait la destinée de celles de Descartes et de Leibnitz, qu'on a citées quelque temps, avec cet enthousiasme dont on honore toujours les théories audacieuses, mais qui n'ont pas duré autant que la renommée de ces grands hommes.

Ayons le courage, pour parler des époques de la nature, de nous transporter nous mêmes à une époque assez reculée, pour que la cendre de son auteur, qui fume encore, n'en reçoive aucune atteinte; à une de ces époques du monde régénéré, où les préjugés les plus sacrés disparaissent, où les noms des plus beaux génies ne sont que de vaines syllabes, quand on les prononce à côté de celui de la vérité.

Buffon a exécuté un des beaux ouvrages dont la raison s'honore : il a tout classé dans la grande échelle des êtres, depuis l'atôme jusqu'à Newton : il a écrit avec majesté l'histoire de la nature, devant laquelle s'anéantissent toutes ces histoires petites et vulgaires qu'on appelle les annales des monarchies.

Mais après cet hommage qui coute si peu à ma sensibilité, il me sera permis, sans doute, de ne pas sacrifier à la froide cendre d'un de mes comtemporains, l'intérêt des générations à naître, et de ne pas prosterner le genre-humain devant un colosse que l'esprit de parti divinise, si par hazard ce colosse avec une tête d'or, ne se trouve avoir que des pieds d'argile.

Buffon a étudié la nature, tantôt avec ses yeux, tantôt avec son entendement : quand ses yeux ont guidé sa logique, il s'est rarement trompé : lorsqu'il a suppléé, par sa brillante imagination, à l'absence des phénomènes, il a été quelquefois Newton ouvrant les portes des mondes, et plus souvent Newton commentant l'apocalypse.

Eh ! comment accorderait-on à l'ouvrage le plus vaste, cette infaillibilité que la philosophie refuse à quelques chefs-d'œuvres individuels ? comment Buffon serait-il toujours grand dans son histoire naturelle, quand Homere a pû se tromper dans l'Iliade et Montesquieu dans l'Esprit des Loix ?

Une histoire de la nature, pour devenir un code sacré pour les philosophes, demanderait pour base une Encyclopédie : et combien de branches du grand arbre des connaissances humaines se sont brisées dans les mains de Buffon ? il a voulu analyser les principes des êtres, et les grands Chymistes de l'Europe ont rejetté sa doctrine : il n'a parlé de la Botanique qu'en blasphémant le grand nom de Linné son législlateur : il a fondé sa théorie du monde sur les vérités mathématiques, et il a écrit contre les mathématiques.

Si nous sortons de l'enceinte de cette France que Buffon a tant honorée, nous verrons que ses systémes n'ont aucune autorité parmi les grands physiciens du reste de l'Europe. Charles Bonnet, Du Luc, Pallas, ont écrit pour en montrer la faiblesse : ils l'ont fait sans fiel, et avec cette supériorité de raison qui ne combat le génie qu'à regret ; il résulte de leurs ouvrages que dans les grandes théories qui ont échappé à sa plume audacieuse, Buffon, sans cesser d'être le peintre de la nature, en a rarement été l'interpréte.

C'est sur-tout, dans l'organisation de notre globe, que l'auteur de l'histoire naturelle se montre comme poëte épique, plutôt que comme philosophe.

Il est parti d'une foule d'hypothéses fausses, pour s'élever à cette grande conception ;

il a supposé au sein du globe, un feu central qui s'échappe sur sa surface : il n'a placé le foyer des éruptions volcaniques que vers le sommet des volcans : il a attribué à l'action des mers, l'organisation des montagnes primordiales.

Souvent dans la minéralogie qui sert de base à la composition de son monde, il prend la cause pour les effets, ou les effets pour la cause : c'est ainsi qu'il fait naître les rochers de granit dans des lits de sable, tandis que le sable ne doit son origine qu'au granit lui-même que l'action des élémens décompose.

Des enthousiastes qui ne connaissent la nature que par le peintre qui l'a dessinée, ont dit que Buffon, dès le premier pas qu'il avait fait dans la carrière philosophique, avait vu en grand son système du monde : ils ont soutenu qu'il avait fondu d'un seul jet la statue qu'il vouait à l'éternité.

Il n'y a rien de plus erronné qu'un pareil hommage rendu à notre philosophe. Buffon, quand il publia sa THÉORIE DE LA TERRE, pensait si peu à ses ÉPOQUES DE LA NATURE, qu'il admet dans le premier ouvrage des principes qui renversent l'autre par sa base. Tel est le prétendu axiome : que le mouvement des mers d'Orient en Occident et l'action des fleuves suffisent pour produire des changements simultanés de terres en mers et de mers en terres ; tel est sur-tout le grand paralogisme : que le granit, formé de matières rangées par couches, doit son origine à l'Océan qui couvrit autrefois toute la surface du globe.

Trente-quatre ans s'écoulèrent entre la composition de la théorie et celle des époques : et quoique Buffon, despote dans ses opinions, comme les rois de l'Orient, dans leurs volontés, crut qu'il était de la dignité philosophique de ne jamais reculer, il descendit dans ce dernier livre jusqu'à avouer qu'il avait admis autrefois une grande erreur, en laissant entendre que c'était par l'intermède de l'eau que la nature avait organisé les montagnes primordiales.

Cet aveu, tout affaibli qu'il est, n'en conserve pas moins toute sa force aux yeux d'une raison froide et impartiale. Voici le texte original : « Je puis dire, en général,
« qu'il n'y a aucun changement à faire dans
« toute ma théorie de la terre, que celui
« de la composition des premières mon-
« tagnes, qui doivent leur origine au feu
« primitif et non pas à l'intermède de l'eau,
« comme je l'avais conjecturé, parce que
« j'étais alors persuadé, sur l'autorité de
« Wodoward et de quelques autres natura-
« listes, que l'on avait trouvé des coquilles
« au-dessus des sommets de toutes les mon-
« tagnes ».

Comme c'est de l'organisation des montagnes primordiales que dépend celle du globe, il est bien évident que Buffon, en changeant deux fois de principes, a changé deux fois de résultats : qu'il a pris deux moules différents pour fondre sa statue, et que sa théorie de la terre ne fût jamais le germe de ses époques de la nature.

Au reste, quelque grande que soit devenue, dans l'entendement de Buffon, sa conception des époques, je dois, à la vérité de l'histoire, de déclarer qu'il n'y eût rien de plus faible et de plus vulgaire que son origine ; elle ne datte que d'une querelle sçavante sur des boulets rougis, entre un grand homme de guerre (Gribeauval), et un physicien de Dijon, (Gueneau de Montbeliard) : la querelle fut portée à l'académie des sciences : Buffon qui voulait la décider seul, fit, dans ses forges de Montbard, des expériences, sur des boulets de divers calibres, et de ces expériences isolées naquit son système du monde.

Ce système offre un monument qui semble de la plus belle ordonnacce, mais
porté

porté sur un grouppe de nuages. Voyons si en écartant une base aussi aérienne, nous ne changerons pas l'architecture de l'édifice.

Les mondes planétaires, à en juger par celui de notre système, obéissant à la même force impulsive, qui après les avoir lancé dans la tangente de leurs orbites, les fait circuler presque dans le même plan, ne sçauraient s'écarter des loix éternelles que la nature leur a tracées : ce qui est, semble donc désigner ce qui a toujours été ; et s'il n'existait dans l'univers que des soleils tournants sur leurs axes enflammés, et des planètes décrivant des ellipses autour de ces soleils, il serait impossible à l'entendement humain d'assigner aux corps célestes quelqu'origine.

Cependant notre terre est composée de matières hétérogènes, qui sans cesse se modifient : ses êtres animés vivent et meurent : tout ce qui nous entoure passe par

H

divers périodes d'accroissement et de dégénération, et puisque le globe où nous sommes jettés; penche vers sa décrépitude, tout nous indique, qu'en entrouvrant le rideau des âges, il y eut un temps où il commença d'exister.

Ces principes ne sont pas annoncés dans les époques : mais ils ont dû se développer dans l'entendement de tous les philosophes qui ont fabriqué des Cosmogonies.

Buffon ne pouvant créer la terre avec une planète et n'osant le faire avec un soleil, a cherché dans les déserts de l'espace quelque corps céleste qui se prêtât davantage à une théorie des époques, et il a rencontré les comètes.

L'astronomie nous a appris que les comètes, quoiqu'embrassant un soleil dans leur cours, n'en font pas le centre de leurs ellipses; il en est, comme celle de 1680, qui après s'être éloignée du nôtre dans son aphélie, de quatre mille cinq cents cinquante-quatre millions de lieues, s'en est rapprochée dans son périhélie, cent soixante six fois plus que notre globe : rapprochement si énorme pour nous, qui sommes à trente-quatre millions de lieues de cet astre, qu'elle a semblé aux astronomes en sillonner la surface. Ce phénomène a été pour Buffon l'œuf de Léda, qui a donné naissance à notre globe.

Afin d'étonner l'imagination qu'il ne pouvait éclairer, il a commencé par expliquer l'origine des comètes mêmes : il a fait entendre que celles de notre système solaire avaient été formées par l'explosion d'une étoile fixe, dont toutes les parties dispersées, n'ayant plus de foyer commun, ont été forcées d'obéir à la force attractive de notre soleil, qui dès-lors est devenu le centre de toutes nos comètes.

Ces comètes, comme les dieux-machines, qui dénouaient toutes les tragédies de l'antiquité, sont pour Buffon les grands mobiles de l'univers. Avant de former des mondes, elles ont allumé le feu du soleil; et, ce qui semble un peu moins paradoxal, elles servent encore à l'entretenir, lorsque par le défaut d'alimens, pendant des myriades de siècles, il tend à s'épuiser.

On sent de quel poids peut être, en histoire naturelle, le volcan d'une étoile fixe, qui par ses explosions, lance dans l'espace des comètes, pour y allumer des soleils : une pareille saillie d'imagination orientale, serait trop à sa place dans le roman de Micromégas, pour qu'il fallût descendre à l'apprécier dans une histoire du monde primitif.

Je me hâte d'arriver au grand objet du voyage de la comète de Buffon, qui fut de faire tourner, sur un autre pivot, l'axe de notre univers.

La comète accoutumée dans son périhélie à s'approcher, quoiqu'à une distance raisonnable, de notre soleil, qu'elle vivifiait de ses feux, s'écartant une fois des loix éternelles de la gravitation, vint confondre son atmosphère avec celle de cet astre, et donna, dans sa rencontre oblique, un choc si violent au corps même du soleil, qu'elle en déplaça la six cent cinquantième partie de sa masse, et obligea ce torrent immense de matière embrasée, d'aller circuler loin de lui, en diverses ellipses, proportionnées pour la distance au degré de densité de chacune des divisions

Ce torrent ainsi partagé en divers fleuves, parce que l'impulsion de la comète n'avait pas communiqué à ses parties hétérogènes le même degré de mouvement, produisit Saturne, Jupiter, la Terre et toutes les planètes de notre système, avec leurs satellites et leurs anneaux; il en faut excepter la planète d'Herschell, qui n'avait pas encore été découverte, au tems où parut l'ouvrage que j'analyse. On sçait que Buffon tenta d'abord de la nier, pour n'être pas obligé à refaire les calculs de ses époques.

Ces comètes, du moment qu'on a sçu qu'elles coupaient, dans leurs ellipses immenses, les orbites des planètes, ont toujours exalté l'imagination des poëtes-philosophes.

On a imprimé qu'une comète qui passerait seulement à treize mille lieues de la terre, éléverait les eaux de l'Océan à douze mille pieds au-dessus de leur niveau, et noyerait notre continent avec le nouveau monde et les terres australes.

On a écrit qu'en s'approchant de notre globe, jusqu'au point de contact, la comète le briserait en mille morceaux, qui se réuniraient ensuite, suivant leur densité spécifique, pour composer une foule de petites planètes.

Des physiciens plus humains, ont voulu qu'une comète, en approchant de notre atmosphère, se contentât de nous ravir notre lune, et de forcer notre terre à devenir elle-même son satellite.

On pourrait, en unissant le génie calculateur de Dalembert avec l'imagination vagabonde de Cyrano de Bergerac, former une foule d'autres systèmes non moins ingénieux sur les comètes, qu'on citerait dans les encyclopédies, mais sans faire avancer l'esprit humain d'un seul pas vers la vraie théorie de l'univers.

Les bons esprits de l'Europe, qui ne se laissent jamais séduire par la magie du style, ni par le prestige plus imposant encore de la renommée, n'ont jamais pardonné à Buffon l'idée de ce choc oblique d'une comète, qui force le soleil à engendrer toutes les planètes de notre système. Ce rêve philosophique ressemble trop au conte mythologique du coup de hache de Vulcain, qui fit sortir Pallas toute armée, du cerveau de Jupiter.

Notre système planétaire, peut être considéré comme une sphère immense, que nous verrons bientôt occuper près de soixante-six milliards de lieues de circonférence ; or, est-il probable que le soleil, centre du système, ait été, jusqu'à l'approche de la comète vagabonde, sans graviter sur des planètes? si, comme Buffon le suppose, il n'a jamais eu que le faible diamètre d'environ trois cents vingt mille lieues, que l'astronomie moderne lui donne, conçoit-on dans l'espace un désert aussi effroyable, où la nature n'aurait placé, pendant des millions de siècles, qu'un astre de feu qui tourne sur lui-même ?

Si la comète qui a sillonné le soleil, en a chassé le torrent de matière liquéfiée qui compose notre système, les planètes qui ont reçu leur mouvement primitif à la surface de cet astre, doivent, suivant les loix éternelles de la gravitation, y retourner à la fin de chacune de leur révolution : ainsi notre terre n'a dû jouir qu'un an du privilège de planète, et avant que la nature vivante pût s'y organiser, elle a dû retomber dans le sein du soleil.

D'ailleurs, une comète de système, quelqu'étendue que soit son ellipse, et dans quelque sens qu'elle coupe l'orbite d'une planète, n'intervertit jamais essentiellement son cours. On a calculé l'espèce de perturbation, que peut causer dans sa route l'approche d'un corps céleste, et jamais son mouvement n'en a paru assez sensiblement altéré, pour opérer le prodigieux effet, qu'on attribue ici à la comète-mère de nos planètes : celle de 1680, que Buffon a cru la plus voisine du soleil, s'en approcha le 18 décembre, cent soixante-six fois plus que la terre : mais ce voisinage suppose toujours une distance de plus de cent quatre-vingt dix-huit mille sept cents quatre-vingt-quinze lieues; et quelqu'astre qu'elle rencontre dans une nouvelle révolution, on peut assurer, d'après la théorie des Halley et des Newton, que, tant qu'elle n'acquerera pas plus de densité, jamais elle ne raccourcira, dans son périhélie, l'extrémité de son ellipse, ou pour me rapprocher de la langue des astronomes, qu'elle ne sçaurait éloigner le foyer de sa parabole, pour mettre sensiblement moins d'intervalle entre elle et le soleil.

Buffon s'est donc égaré avec sa comète, quand il est parti de l'erreur de sa route, pour féconder ses mondes. Ce faux principe, malgré l'enchaînement imposant des résultats, influe sur toute sa Cosmogonie.

La Terre de Buffon, qui n'est point la nôtre, ayant été séparée avec violence du soleil, par le choc oblique de la comète, alla décrire une ellipse à trente quatre millions de lieues du centre de son système; entraînant, dans sa sphère d'activité, la matière de la lune qui devait un jour lui servir de satellite.

Le germe de la lune tarda peu à être fécondé : la Terre, qui dans son mouvement rapide de rotation, fait six lieues et un quart par minute, projetta bientôt hors

d'elle les parties les moins denses de son
Équateur ; celles ci se rassemblerent par
leur attraction mutuelle, a environ quatre
vingt cinq mille lieues de distance, et voilà
le globe de la lune.

Avant la fécondation de la Terre, fécondation, aussi merveilleuse que celle des
pierres en hommes, après le déluge de
Deucalion, le torrent de matière embrasée
qui allait donner le jour à deux planètes,
avait traversé l'atmosphère immense du
soleil, et s'était approprié un grand volume
de ses parties volatiles, aëriennes et aqueuses
avec lesquelles il s'était composé son Océan
et sa propre atmosphère.

La matière solaire, dont notre Terre s'est
trouvée composée, devait être dans un état
de fusion, quand la comète lui imprima le
mouvement de projectile, qui lui fit faire
trente-quatre millions de lieues, avant de
graviter vers le soleil. C'est alors, qu'en
vertu des loix qui régissent les fluides, les

parties de cette matière, voisines de l'Équateur, et qui subissent le plus grand mouvement de rotation, s'élevèrent, tandis que celles qui sont voisines des Pôles, où ce mouvement est presque nul, s'abbaissèrent, dans la proportion précise qu'exigent les loix de la pésanteur, combinées avec celles de la force centrifuge.

La Terre, à la première époque où elle s'organisa en sphéroïde, ne se trouvant formée que d'un fluide embrâsé, dut être lumineuse par elle-même, ainsi que le soleil dont elle émanait : mais à mesure que ce fluide prit de la consistance, elle vit sa lumière diminuer, et enfin quand par un refroidissement graduel, elle fût consolidée jusqu'à son noyau, elle devint obscure, comme le sont aujourd hui toutes les planètes de notre système.

La diminution du grand incendie de notre globe commença à sa surface : et lorsque celle-ci se trouva consolidée, l'intérieur toujours fluide, lançait encore au dehors une vive lumière : on appelle dans la langue nouvelle, que notre philosophe a créé, cet état du globe, son incandescence.

La durée de cette incandescence, a été l'intervalle qu'il a fallu à la terre pour se consolider jusqu'à son noyau : et cette durée est juste de deux mille neuf cents trente-six ans : car Buffon admet une précision mathématique, dans l'âge des planètes, comme la chronologie, dans l'âge de Socrate ou de Louis XIV.

Au reste, les calculs de Buffon, dans son hypothèse de l'organisation des planètes, ne semblent pas tout-à-fait un rêve d'Homère qui sommeille : il en a trouvé les élémens dans les mines de Montbard : j'ai déjà dit que trente-quatre ans après sa théorie de la terre, quand il songea à écrire le roman ingénieux de ses époques, il commença par faire rougir, au feu le plus violent, des globes de toutes sortes de matière, comme de toutes sortes de densité. Son évaluation, du refroidissement successif de ses petits boulets, se fit en chiffres, et moyennant une règle de trois, il résolut le problème de l'âge des planètes.

La terre, en se refroidissant, souffrit diverses ébullitions, à mesure que l'eau, l'air et les autres matières qui, ne peuvent supporter le feu, retombaient à sa surface ; la production des élémens et ensuite leur combat ne manquèrent pas de faire naître des aspérités, des hauteurs, des profondeurs, des cavernes, soit dans les premières couches intérieures du globe, soit à sa surface : et telle est l'origine des inégalités de notre planète et sur-tout de l'élévation de ses montagnes primordiales.

Ce n'est que plusieurs siècles après, qu'il faut dater la formation des montagnes calcaires, lesquelles n'ont pu exister qu'après l'établissement des eaux, puisque leur composition suppose la production des coquillages.

Cette partie de l'hypothèse de Buffon, amène un nouveau calcul sur l'époque de la condensation des vapeurs marines qui formaient notre première atmosphère.

Tant que la surface du globe, dit à ce sujet l'Arioste des naturalistes, n'a pas été refroidi, au point de permettre à l'eau d'y séjourner, sans s'exhaler en vapeurs, toutes nos mers étaient dans l'atmosphère; elles sont tombées ensuite et se sont condensées, mais toujours en forme de fluide, lorsque l'enveloppe extérieure de la Terre s'est attiédie au point de pouvoir la toucher sans se bruler. Il y avait juste vingt-cinq mille ans que notre Océan formait une atmosphère de vapeurs, quand cédant la place à l'atmosphère aërienne, il couvrit notre globe jusqu'à la hauteur de deux mille toises.

Le refroidissement de la terre, au point

de contact, s'est opéré en trente-quatre mille sept cents soixante et dix ans, et son refroidissement à la température actuelle en soixante et quatorze mille huit cents trente-deux : d'où il résulte que notre globe (si l'on calcule de l'année de la liberté française), a joui d'une chaleur convenable à la nature vivante, depuis quarante mille soixante-six ans, et que les êtres sensibles pourront y subsister encore pendant quatre-vingt treize mille deux cents quatre-vingt sept : c'est-à-dire, jusqu'à l'an cent soixante-huit mille cent vingt-trois, à compter de l'époque de son origine.

Telle est la théorie planétaire de Buffon ; tels sont les élémens avec lesquels il a fabriqué notre monde, lorsqu'à un petit nombre de vérités près, que sa raison a pressenties, il a, en général, substitué les jeux de son imagination brillante aux opérations inconnues de la nature. Ce monde, pour la tête froide du philosophe, peut être
mis

mis à côté de celui de Descartes, formé avec de la matière subtile et des cubes, ou dans la classe de celui de Leibnitz, composé, on ne sçait par quelles loix, de la croute d'un soleil.

Si, après la fabrication de ce monde imaginaire, quelque chose doit nous étonner, c'est le sérieux avec lequel son auteur a tenté de concilier son système avec la Cosmogonie de Moyse : il pensait, sans-doute, que cette Cosmogonie était la seule qui méritât d'être crue par les hommes, parce que c'était la seule que les hommes n'eussent point faite; mais alors, pourquoi dans le grand ouvrage de la création, substituer au bras de Jehovah, le choc d'une comète ? Pourquoi supposer la nature vivante et organisée depuis plus de quarante mille ans, tandis qu'elle ne semble subsister que depuis un peu plus de soixante siècles, d'après les calculs du Pentateuque ?

En général, l'hypothèse des époques

tombe par la seule analyse. C'est une aurore boréale qu'on ne peut fixer un moment, sans voir changer le jeu de sa lumière.

Malgré la prodigieuse excentricité de l'Ellipse des comètes à système, leur route, à quelques perturbations près, qu'elles éprouvent en coupant l'orbite des planètes, a été fixée par l'ordonnateur des mondes : elles ne tombent, tant qu'elles n'approchent pas du dernier période de leur dégradation, ni dans Sirius, ni dans le soleil : elles n'organisent pas plus nos globes célestes qu'elles ne les détruisent, et puisqu'il y a des loix fondamentales pour la gravitation de tous les systèmes solaires, la paix, depuis ce qu'on est obligé d'appeller le premier période de l'éternité, a dû régner dans le firmament.

Tout nous annonce que notre globe, avant d'être organisé par les eaux, a subi jusqu'à son point central, le plus violent des incendies : mais il n'existe point de données pour résoudre le problème des époques de son réfroidissement. La durée précise de deux mille neuf cents trente-six ans, fixée par Buffon, pour arriver à son incandescence, n'est pas même une conjecture heureuse ; par exemple, le double mouvement des planètes sur leur axe et autour du soleil, doit les échauffer considérablement ; et cette différence essentielle entre les globes célestes et les petits globes tranquilles de Montbard, n'est point entrée dans les calculs de notre philosophe ; il a cru pouvoir assimiler un boulet qui repose sur un appui de marbre, avec cette énorme planète de Jupiter, dont la seule vitesse de rotation sur son axe est de cent soixante-cinq lieues par minute.

Et si la substance qui forme les planètes a été projetée du sein du soleil, quel rapport peut-il y avoir entre quelques globules d'airain rougis à blanc, et un torrent de la matière la plus subtile qu'on connaisse dans la nature : entre du métal et un être qui par son peu de densité approche du feu principe ?

Le globe embrasé s'est refroidi sans-doute : mais Buffon n'est parti que de principes évidemment erronnés pour graduer l'échelle de son refroidisement.

Il a pris du fer pour la base de ses expériences : or la matière qui constituait l'essence de notre globe, au temps où il commença à tourner sur son axe, était évidemment un fluide, comme il est obligé lui-même d'en faire l'aveu ; si elle avait eu la densité des globes de Montbard, jamais son mouvement de rotation ne lui aurait donné sa configuration actuelle, celle d'un sphéroïde applati vers les Pôles et élevé à son Équateur.

De cette erreur de théorie résulte le néant de toutes les expériences du livre des époques.

On sent assez que plus un fluide est ho-

mogène, plus la saine physique veut qu'il
s'échauffe aisément et qu'il se refroidisse
de même; on en connaît d'assez élémentaire, pour perdre entièrement une chaleur
acquise, avant la fin d'une simple révolution
autour du soleil, dût le volume de ce fluide
former un globe de neuf mille lieues de
circonférence. Cette simple considération
fait disparaître le prestige de poésie et
d'arithmétique, qui égare notre imagination,
dans un intervale de plus de cent soixante-
huit mille ans, pour atteindre l'époque de
l'entier refroidissement de notre planète.

Du moment que Buffon avait manqué
l'idée majeure que le globe avait, depuis
son organisation, passé successivement de
la fluidité élémentaire, jusqu'au dernier
période de densité, il ne pouvait qu'ajouter
à l'erreur du principe, les erreurs individuelles de détail.

C'est ainsi que notre philosophe, dans
l'hypothèse de son monde de fer, n'a pas

calculé la descente de l'Océan sur sa surface: descente bien faite pour en accélérer le refroidissement. Cet oubli vient peut-être de ce qu'il aurait été obligé de refondre son livre, qu'il regardait moins comme les époques de la nature que comme celles de sa propre gloire.

C'est encore une erreur manifeste dans une Cosmogonie fondée sur la physique, d'avoir attendu la descente des mers sur le globe, pour élever l'énorme massif des montagnes primordiales.

Nous avons vû que le feu central de l'auteur des époques n'avait pas plus d'autorité que celui du Tartare d'Ovide, ou d'Hésiode; on pourrait peut-être aussi mettre à côté du long sommeil d'Épimenide, les cent soixante-huit mille ans qu'il assigne au refroidissement entier de notre planète: calcul d'autant plus étrange, que dans la même page, il n'en compte que deux mille neuf cents trente-six, pour désigner l'intervalle effroyable qu'il a fallu au fluide primitif, pour se consolider depuis la surface du globe jusqu'au point élémentaire de son centre, qu'il appelle si improprement son noyau.

Au reste, du moment que Buffon s'écartait du chemin de la vérité, il pouvait choisir la route la moins divergente : erreur pour erreur, il fallait qu'il adoptât celle dont la raison était le moins blessée ; au lieu de plier la nature à ses idées dans ses petites forges de Montbard, il fallait l'aller voir travailler en grand dans les flancs embrâsés de l'Etna ou du Vésuve.

En un mot, le résultat le plus naturel de la fausse hypothèse que nous venons de soumettre à l'analyse, était la décomposition de la lave des volcans, et non celle du fer, pour exprimer le refroidissement gradué d'un globe, dont une conflagration générale a accompagné le berceau.

On connaît, jusqu'à un certain dégré, par

les belles expériences des Ferber, des Brydone et des Hamilton, quelle est la graduation du refroidissement des laves; Buffon lui-même avoue, dans ses supplémens, que s'il faut 360 minutes pour consolider un cube de dix pieds de fer, il n'en faut qu'un peu plus de 201, pour opérer le même effet sur un cube pareil de matières volcaniques; il ajoute qu'une masse de 200 pieds de laves, se consoliderait en un peu plus de soixante-sept heures, qu'au bout d'un mois on pourrait toucher sa surface, mais qu'il faudrait un siècle pour la trouver refroidie seulement à cent pieds: assurément le philosophe, d'après un pareil aveu, devait organiser sur un nouveau plan ses mondes nés du choc d'une comète; mais il lui en aurait trop coûté pour changer les élémens de sa chronologie conjecturale des époques.

Je ne sçais; mais si j'avais été Buffon, riche, considéré, ayant deux léviers pour remuer l'indifférence des hommes, l'or et

la renommée ; d'après le trait de lumière
que m'offrait le travail toujours subsistant
de la nature , dans les monts embrâsés qui
hérissent la surface de la terre , j'aurais été
interroger au pied de l'Etna, cette lave de
1766, que Brydone, quatre ans après, ne
trouvait pas'encore refroidie ; j'aurais suivi
l'intrépide Hamilton dans ses courses sça-
vantes autour du cratère enflammé du Vésuve , et dans cette nuit profonde qui couvre l'origine des choses, j'aurais du moins
rencontré celle de toutes les erreurs philosophiques , qui approche le plus de la
vérité.

Après avoir soumis à ces doutes raisonnés
les élémens de la théorie du monde, ima-
ginés par Buffon , je dois à la vérité que
j'idolâtre , de ne point laisser insérer de
ces doutes, que cet homme de génie fût
au-dessous de sa renommée , et qu'il ne
méritât ni sa statue ni son apothéose.

Je me livre avec d'autant plus de charmes

à cette idée, dont ma philosophie s'honore ; que des personnes à qui mon caractère est peu connu, ont paru improuver la critique que je me suis permise des époques, dans les premières éditions de cet ouvrage : je ne veux pas laisser subsister le moindre nuage sur ma manière de penser à l'égard d'un de nos écrivains qui a le plus mérité de sa nation : je ne veux pas, que pour avoir fait appercevoir le sommeil d'Homère, on m'accuse d'avoir méconnu le génie de l'Iliade.

Buffon a porté la lumière dans plusieurs branches des connaissances humaines : il a rendu sa dignité originelle à l'homme dégradé par des préjugés religieux; il s'est sur-tout élevé à la hauteur de la nature en parlant de ses ouvrages.

Sa théorie même des époques, toute paradoxale qu'elle est, n'est point l'ouvrage d'un esprit vulgaire : il a fallu la plus haute conception pour expliquer, avec la physique naissante, l'organisation des planètes, pour lier l'âge des corps célestes, qui règnent dans le firmament, avec la chronologie de l'histoire.

Un des grands mérites de cette théorie, est de l'avoir liée avec adresse à des phénomènes qui frappent tous les regards : tels que la formation des métaux dans la matière vitrescible du globe : le séjour de l'Océan sur la surface de nos continents, et la barrière éternelle qui sépare les montagnes secondaires des montagnes primordiales.

Buffon, en sculptant la statue colossale du globe, n'a pu lui donner qu'une tête imaginaire, parce qu'il travaillait dans les nuages : mais cette audace lui a été pardonnée par le peuple des penseurs, parce qu'il a eu l'art de placer cette tête sur un corps qui avait toutes les proportions de l'art des Michel-Ange et des Phidias.

Quoique les calculs de l'auteur des

époques ne reposent que sur des bases infidelles, on en aime l'audace : il semble qu'on dort avec plus de sécurité sur un globe qui doit avoir cent soixante-huit mille ans de durée, que sur une planète éphémère, qui, née il y a six mille ans, donne déjà tous les signes de la décrépitude.

Une durée qui se perd dans l'immensité, semble faite pour aggrandir l'imagination qui la calcule : nous nous formons une bien plus haute idée et de nous même et du séjour que nous habitons, quand nous franchissons des myriades de siècles pour atteindre à l'origine du globe, quand notre pensée, antérieure aux frivoles époques de la chronologie, abandonne, pour contempler l'age de la nature, les fastes de nos monarchies, qui pour elle n'existent que d hier.

Le penseur a encore sçu gré à Buffon d'avoir échauffé de son génie, les deux conceptions sublimes du refroidissement gradué et du dessèchement successif du globe : ce sont deux données pour résoudre le problème de sa mort : il semble qu'elle arrivera, quand il perdra la dernière étincelle du feu qui l'embrâsa, et la dernière goutte des eaux qui le submergèrent.

Buffon, même dans ses opinions erronées, porte donc une empreinte d'élévation qui le distingue des fabricateurs vulgaires de systèmes : et tel est l'ascendant que donne le génie, que malgré l'évidence de ses sophismes, le demi-philosophe ne pouvant percer la nuit profonde étendue sur l'origine des choses, mais fier d'une erreur qui lui rend compte de tout ce qui existe, aime encore mieux s'égarer avec le guide infidèle qui le mène au bout de l'univers, jusqu'au néant qui lui sert de limites, que de rester avec Socrate et Montagne dans la plus sage des incertitudes.

DE QUELQUES PRINCIPES

QUI PEUVENT CONDUIRE A DÉTERMINER UN PETIT NOMBRE D'ÉPOQUES DANS LE MONDE PRIMITIF.

Quand des hommes tels que Descartes, Leibnitz et Buffon, ont marqué de leurs chûtes leur marche vers l'origine des mondes, on peut affirmer hardiment que nous n'avons pas assez de données, pour résoudre parfaitement le problême de notre origine.

Cependant, quoique la raison humaine semble trop jeune pour créer l'univers, il y a un peu moins d'audace à soulever un peu le voile qui nous cache les élémens de la petite planète, où nous nous agitons un jour pour mourir le lendemain : on peut, en réunissant dans un seul foyer les lumières d'un grand nombre de siècles, asseoir quelques conjectures sur son berceau primitif.

Il est d'abord évident que ce globe,

composé d'une matière qui se modifie sans cesse, a eu une origine.

Ce globe ne pouvant, par sa propre énergie, que graviter sur les corps célestes qui l'environnent, a dû, avant sa première révolution, être lancé par une force qui n'est point en lui, dans la tangente de son orbite.

Tout nous engage à penser qu'à cette première époque, sa substance n'était formée que d'un fluide infiniment expansif, et que sa surface se maintenait dans la plus parfaite régularité.

Je me persuade que notre globe était fluide, parce que la phsyique démontre que s'il eut été un corps opaque, son double mouvement autour de son axe et autour du soleil, en aurait fait une sphère parfaite, et non un sphéroïde applati vers les Pôles.

Ce fluide était embrâsé, comme l'indique la nature des substances primitives du globe, émanées visiblement d'un incendie.

A cette cause, qui ne pouvait avoir d'énergie que lorsque la terre commençait à s'organiser, s'en était jointe une autre dont l'influence était beaucoup plus durable, et qui tient au méchanisme secret de l'univers.

Les loix de l'hydrostatique nous apprennent que tout fluide qui a un mouvement de rotation, acquiert une force centrifuge proportionnée pour l'énergie, à la rapidité de son mouvement circulaire ; elles nous enseignent aussi que cette force qui n'est autre chose que l'effort d'un corps qui tend à prolonger son mouvement par la tangente de la courbe qu'il est forcé de décrire, augmente en proportion de la masse du mobile ; d'après ces loix éternelles de la physique, on peut assurer que le globe, du moment que le fluide qui le formait a cessé d'être homogene, n'a pu tourner rapidement sur son axe, sans projetter à sa surface les parties de sa subtance, qui
avaient

avaient le plus de densité ; de là viennent ces grandes inégalités de la terre, qu'on appelle les montagnes primordiales.

La seule force de l'embrâsement suffit, dans l'origine, pour projetter aux extrémités du globe les parties les moins pures du fluide qui composait sa substance : phéno-mène, que le bouillonnement d'une eau peu limpide rend sensible au vulgaire, et que la projection des taches du soleil aux derniers points de son disque rend sensible au philosophe.

C'est aussi en vertu de ces loix de l'hy-drostatique, si bien calculées dans notre siècle de lumières, que le fluide embrâsé du globe, dès sa première révolution cir-culaire, a abaissé ses pôles et élevé son Équateur.

Cependant la terre ne pouvait conserver toujours son état de liquéfaction. Les parties hétérogènes de son fluide, en se re-froidissant, tendaient à se rapprocher : elle devint par degrés un corps opaque, qui se consolida, à commencer par sa surface, jusqu'au point central de son noyau.

Pendant que le globe, toujours embrasé tendait à se consolider, s'opérait la separation de ses élémens; les substances de sa matière, qui avait assez de fixité pour soutenir la violence de l'incendie, formèrent au milieu du fluide enflammé des masses énormes : mais celles que le feu volatilise, s'en séparèrent : c'est ainsi que les eaux divisées en vapeurs s'élevérent au-dessus de la surface de la terre, et lui formèrent une atmosphère pareille à celles que nous offrent les comètes dans leur périhélie.

Nous verrons bientôt ce qu'on peut penser de l'étendue de cette atmosphère : et de ce moment on peut s'en faire une idée, en réfléchissant que l'eau volatilisée par l'action du feu acquiert un volume, quatorze mille fois plus grand, qu'elle ne l'avait dans son état naturel ; quant à l'atmosphère nérienne qui surmontait celle des vapeurs, peut être en viendrons-nous à pressentir, qu'à cette époque cette sphère immense atteignait celle du soleil, qui d'après les phénomènes de la lumière Zodiacale, doit s'étendre de son côté à des distances presqu'incalculables ; peut-être que malgré un intervalle de trente-quatre millions de lieues les deux astres se pénétraient par leurs atmosphères.

Quand la partie intérieure du globe fut refroidie, les eaux, qui formaient ce cercle immense de vapeurs, se condensèrent, tombèrent sur sa surface; et voilà l'origine de nos mers.

La pression de la lune, l'action des vents, celle des courants qui se formèrent dans le sein des mers, firent que l'Océan ne pût séjourner sur notre planète, sans sillonner sa superficie, qui, à l'exception des montagnes primordiales, était de la plus parfaite régularité.

Il résulte de cette théorie générale, deux grands faits, dont nous partirons pour donner quelque base aux annales du monde primitif : l'un que la terre a été organisée par le feu, l'autre qu'aux chaînes de granit près, elle doit aux eaux les inégalités de sa surface.

Les eaux ne peuvent se mêler avec les substances hétérogènes d'un globe, qui n'était refroidi que dans son enveloppe, sans les faire fermenter ensemble : delà les vuides, les cavernes, les boursoufflures et toutes ces anfractuosités de l'intérieur de la Terre qui la préparaient aux grandes révolutions physiques qu'elle devait éprouver, quand des êtres vivants sur sa surface pourraient les calculer et en être les victimes.

C'est à cette époque, que l'embrâsement de l'intérieur du globe put sublimer les substances métalliques qu'il renfermait, depuis la séparation des élémens, et les projetter dans les fentes perpendiculaires des montagnes primordiales, d'où une partie, un grand nombre de siècles après, a été détachée par les eaux, pour former les filons subalternes des montagnes de nouvelle formation.

Pendant ce travail de l'intérieur de la terre, l'Océan se creusait un lit : ses vagues repoussées par le granit des roches primitives augmentaient la force de ses courants; des éminences nouvelles formées de couches successives s'établissaient dans son sein : de là cette foule de montagnes secondaires, sans noyau interne et sans base qui hérissent la surface du globe.

La pression de l'énorme masse des mers, devant se faire, non-seulement latéralement, mais encore dans la direction verticale, il en a dû résulter la chûte d'une foule de cavernes soumarines, pleines de pyrites et de minéraux; et la fermentation de ces substances inflammables, a du être suivie d'explosions terribles qui ont donné naissance aux grandes isles volcaniques ; telles que la Sicile, l'Islande, les isles de la Sonde, les Molucques, et peut-être le Japon.

Tels sont les phénomènes de l'organisation de la terre, qui ont précédé l'origine des hommes. Les grandes probabilités, qui seules peuvent servir de preuves dans de pareilles hypothèses, trouveront leur place dans cet ouvrage, à mesure que j'examinerai tous les détails de cette grande théorie. Je n'ai dû donner ici qu'un apperçu général de l'ensemble du système, pour indiquer les routes que je me suis frayées, dans les landes, qui cachent le pérystile du monde primitif.

CONJECTURES PHILOSOPHIQUES

SUR LES ÊTRES ÉLÉMENTAIRES,

OU

FONDEMENS D'UNE NOUVELLE COSMOGONIE.

Il semble qu'une histoire philosophique des âges, si prodigieusement antérieurs à l'homme primitif, devrait s'en tenir aux élémens de la théorie du globe que nous venons de tracer; mais notre esprit inquiet ne sçait jamais s'arrêter; fatigué des tourmens de l'incertitude, il veut embrasser dans le cercle de ses connaissances, le passé dont il ne reste aucune trace, et l'avenir qu'il n'atteindra jamais. Il préfère à cet égard une révélation qu'il doit craindre à une ignorance dont il rougit, et la foi de l'erreur au doute raisonné de la sagesse.

Par condescendance pour cet esprit humain, dont la foiblesse même atteste la supériorité, ajoutons quelques idées conjecturales qui lient ensemble toutes les branches isolées de notre théorie. Mais ne consultons autant que nous pourrons, que la physique, afin de faire de ces dogmes arbitraires une espèce de révélation de philosophes.

Au reste, je suis loin d'exiger de mes lecteurs, même cette espèce de foi philosophique, qu'ils accordent aux rêveries vertueuses d'un Platon ou d'un abbé de Saint-Pierre : je sens trop que je touche aux limites de l'infini ; un abîme incommensurable se présente devant mes regards, et je n'ai pour le sonder que l'échelle de l'entendement.

Eh! combien de motifs n'ai-je pas pour demander à mon siècle, non une croyance qui l'avilisse, mais un doute qui m'éclaire!

Ce n'est que d'hier que nous rassemblons

un petit nombre de faits épars parmi les ruines des ages primitifs : nous connaissons encore trop peu les effets, pour nous flatter de raisonner avec quelque vraisemblance sur les premières causes.

Nous avons sous nos yeux la matière qui semble constituer tous les systèmes solaires, depuis notre petit globe jusqu'à l'étoile fixe de Sirius, et nous disputons encore si le mouvement lui est essentiel. Descartes, Leibnitz et Buffon que nous venons de voir organiser cette matière, l'ont séparée du mouvement, c'est-à-dire de sa propre énergie : ils ont attendu la permission d'un pontife de la Propagande, pour voir que si la matière cessait un moment d'agir, elle cesserait d'être matière, et que l'univers serait anéanti.

Cette énergie de la matière se soupçonne au reste et ne s'explique pas. On peut en juger par l'incroyable rapidité du mouvement des rayons de la lumière ; l'astronomie qui en faisant d'environ dix secondes la parallaxe du soleil, a placé sa distance à plus de onze mille cinq cents dix huit diamètres de notre globe, a supputé que la lumière qui émane de cet astre jusqu'à nous, en moins de huit minutes, parcourait dans une seconde un espace de huit cents millions de pieds : de tels calculs se justifient plutôt avec la logique de la plume qu'avec celle de l'entendement.

Mais, comme on l'a prouvé dans les académies, il y a des étoiles fixes, reculées pour nous, quatre cents mille fois plus que notre soleil; ainsi la lumière qu'elles lancent doit employer quatre cents mille fois huit minutes, ou près de six ans à arriver jusqu'à nous : et si, ainsi que tout l'indique à ceux qui ont observé l'immensité de l'espace, il y a des globes célestes mille fois plus éloignés que cette première des étoiles fixes, ils seraient six mille ans avant de se montrer à la Terre. D'après ces supputations, comment se flatter de connaître l'univers que l'audace philosophique veut organiser ? il y a assurément des milliers, je ne dis pas de planètes, mais de systèmes solaires que le télescope d'Herschell n'a pu encore atteindre ; d'autres dont nous ne connaissons aujourd'hui que ce qu'ils furent il y a soixante siècles ; nous croyons voir un soleil, et ce n'est qu'un corps opaque ; une étoile fixe scintille à nos yeux, et il y a peut-être mille ans qu'elle est anéantie.

L'imagination ne se perd pas moins, quand on s'arrête sur le nombre effrayant de comètes qui peuplent les déserts de l'espace. L'astronome Lambert, qui a un nom en Europe, a fait entendre, comme nous le verrons bientôt, qu'il pouvait y en avoir cinq cents mille dans notre seul système planétaire, entre Saturne et le Soleil : or, il n'y en a pas encore soixante et dix parmi ces dernières, qui ayent été calculées par les académies : on n'en connaît pas une seule des autres systèmes.

Les fabricateurs de Cosmogonies semblent donc bien hardis, de croire, parce qu'ils ont démonté un pivot et quelques pignons, connaître la machine, à un million de rouages, qui forme l'univers.

Si nous descendons, des régions inaccessibles du firmament, au globe sur lequel nous avons la liberté de déraisonner, notre désespoir augmente, sur l'impossibilité d'atteindre aux premières causes.

Tout à été homogène et la raison de l'homme semble condamnée à ne jamais expliquer comment tout est devenu hétérogene.

Si par hazard l'éternité était l'attribut de la matiere élémentaire, comment la matière modifiée s'est-elle dégradée jusqu'à avoir une durée ? si l'espace sans bornes qui renferme tous les systèmes solaires n'a point eu d'origine, pourquoi notre globe qui a commencé finira t-il un jour?

Nous décomposons la terre, que nous foulons aux pieds, pour prononcer sur la maniere dont elle est émanée du soleil, et ses élémens échappent à nos calculs; le pouvoir de graviter est assurément le plus bel attribut de la matière, et le principe de la gravitation a toujours échappé à Newton, qui, avec cette clef de la nature a ouvert toutes les portes de l'univers.

Si l'univers en grand se dérobe à nos regards, les petites parties constituantes de cet univers ne sont pas plus accessibles à notre intelligence; le télescope ne peut atteindre l'ensemble du tableau et ses détails ne sçauraient être saisis par le microscope. Cependant, pour composer un systême général, il faut pénétrer dans l'abîme des infiniment-petits, ainsi que planer dans les déserts incommensurab'es du firmament : le monde d'une goutte d'eau, qu'on sçait peuplé de mille animaux de diverses espèces subit sans doute plus de révolutions que notre globe, où les thrônes se heurtent avec fracas, ou les volcans engloutissent les villes, et où l'Océan ne peut sortir de ses limites, sans anéantir la race des hommes.

Après de pareils aveux, il est difficile d'attacher quelque sens à ce que des esprits pervers appelleraient le danger de mes hypothèses.

Il me reste un dernier reproche à prévenir : il s'agit de l'espèce de contradiction où je tomberais, si après m'être joué, dans cet ouvrage, de l'esprit systématique, je me permettais moi-même de créer un système.

L'esprit systématique qui appelle les anathèmes de la philosophie, est celui qui dans l'absence des faits, veut y suppléer par les élans d'une imagination vagabonde, qui n'observe la nature que pour en plier les phénomènes à ses conjectures, qui ne renverse de leurs bases les statues des hommes de génie, que pour tenter d'y substituer des images inconnues : analyser cet esprit systématique, c'est assez le refuter.

Mais si on entendait par un génie à système, celui qui après avoir vû la nature par ses yeux encore plus que par les livres, rassemblerait un grand nombre de faits isolés, les discuterait avec une logique impartiale, et tenterait ensuite de les classer, pour empêcher l'entendement humain de succomber sous la masse de ses connaissances, je le regarderais avec tous les bons esprits comme le génie tutelaire de la science, et le bienfaiteur des hommes.

Ne perdons jamais de vue, que la marche d'une démonstration rigoureuse n'est faite que pour les sciences exactes : la géométrie et l'art de conjecturer impliquent contradiction : mais, dans les sciences physiques, nous ne connaissons que l'extrémité inférieure de l'échelle : il faut necessairement escalader, par une heureuse audace, les échellons intermédiaires, pour arriver à l'extrémité supérieure, qui repose dans la main génératrice de la nature.

Eh! quel age fut jamais plus favorable que le nôtre pour construire un arbre généalogique des êtres, depuis l'animalcule des infusions, que nous ne découvrons qu'à l'aide du microscope, jusqu'à la masse solaire centrale, autour de laquelle gravitent Sirius, Orion, Aldébaran et tous les systèmes de l'univers.

Les sciences naturelles, la physique et sur-tout l'astronomie, n'ont cessé de faire du progrès en Europe, depuis le commencement du seizieme siecle, époque où Copernic fabriqua les clefs avec lesquels Newton s'ouvrit les portes du ciel : on pourrait commencer, à la fin du dix-huitieme siècle, à bâtir le grand édifice de la nature, quand des sçavants illustres ont été trois cents ans à en construire l'échaffaudage.

Ajoutons

Ajoutons que, depuis Copernic, nous avons pour ainsi dire, acquis de nouveaux sens pour pénétrer l'abîme des êtres : ces sens sont le télescope qui a aggrandi pour nous le firmament, et le génie des Képler, des Halley et des Newton, qui nous y a tracé la plus belle des routes.

Apres cette justification préliminaire de mes travaux, je vais en tremblant jetter les bases de ma nouvelle Cosmogonie.

Les êtres-principes semblent jusqu'ici avoir dû rester inaccessibles aux regards des hommes : car pour atteindre à l'organisation élémentaire, il faut sçavoir décomposer les mixtes; et cette opération n'appartient qu'à la nature : elle seule peut réduire en éléments ce qui fut jadis éléments; encore lui faut-il l'aide d'une durée incommensurable, qui approche de l'éternité.

Une philosophie à la fois courageuse et circonspecte, nous apprend d'abord qu'originairement tout, dans le vaste sein de la nature, fut homogène.

Il n'y a donc qu'un élément principe : et cet élément est ce qui constitue l'essence de la matière.

Pour arriver à cette essence de la matière, il faut tâcher de la suivre jusques dans son dernier période sensible de tenuité : or la physique démontre que plus la matière s'atténue, plus elle acquiert de ressort : l'air est infiniment plus élastique que l'eau, et le feu a incomparablement plus de force expansive que l'air : de là il suit que le mouvement n'est jamais si puissant que dans les corps qui approchent de l'organisation élémentaire : l'homme sans préjugé serait même tenté de penser, que, dans la langue philosophique, le mot de mouvement est synonime à celui d'élémens de la matière.

Si le mouvement par excellence est l'attribut de la matière, dans son dernier terme de division et que cette force se dégrade par nuances insensibles, mais sans se perdre, jusqu'à ce qu'elle atteigne les corps réunis en grande masse, tels que le globe de la Terre ou celui de Jupiter, il en résulte que supposer une matière inerte et passive, comme tous les fabricateurs de Cosmogonies, c'est donner de la vie au néant : un corps séparé de l'attribut sans lequel on ne peut le concevoir, est une contradiction dans les termes. Les modifications de la matière varient à chaque instant ; les corps mixtes se dissolvent, tout ce qui compose la nature organisée subit des métamorphoses, les existences changent, mais les essences sont éternelles.

Cette théorie, toute hardie qu'elle paraîtra aux hommes qui n'adoptent que la physique vulgaire des révélations, a cependant été pressentie par Newton, le plus religieux comme le plus grand des philosophes : LA NATURE SANS MOUVEMENT N'EXISTERAIT PAS, dit-il, dans son Optique immortelle, et ce théorème n'est, en d'autres termes, que celui qui fait le mouvement essentiel à la matière.

Mais sous quel nom désigner l'être élémentaire qui semble identifié avec le mouvement par excellence ? car il faut des termes pour classer même les êtres inaccessibles à nos regards ; et en créant une Cosmogonie, il faut aussi créer sa grammaire.

Il me semble que l'être principe, essentiellement mobile, d'où émanent tous les corps qui composent le vaste sein de la nature, est le feu élémentaire.

J'employe le terme d'élémentaire, pour distinguer ce feu principe de celui qui frappe nos organes. Notre feu vulgaire n'est point un élément. Toujours imprégné plus ou moins de molécules hétérogènes, il ne s'offre à nos yeux qu'avec l'enveloppe grossière qui le défigure ; le feu du soleil est incomparablement plus pur, mais il n'est point encore le feu principe ; car outre les mixtes qui lui servent d'aliment, il n'arrive à nous qu'altéré par les atmosphères qu'il pénètre et par les surfaces étrangères qui le réfléchissent : ainsi, il n'y a guères que l'imagination qui puisse se faire une idée du feu primitif de la nature.

Tous les êtres sont pénétrés plus ou moins du feu élémentaire : il exerce son activité dans tous les points de l'espace : si quelque corps était à l'épreuve de son action, il serait totalement dépourvu de principes de vie, ce qui est une absurdité, car il est démontré dans la saine physique que le mot de vie est synonyme à celui d'existence.

Sans le feu élémentaire, notre globe privé des fluides qui circulent dans son sein, des végétaux qui parent sa surface, et des êtres animés qui l'habitent, ne serait plus que le cahos de Moyse ou d'Hésiode, et le tombeau de la nature.

Les corps qui semblent, aux yeux vulgaires, le plus tenir à une matière inerte et passive, sont imprégnés de ce feu élémentaire;

et l'art de l'homme le rend sensible, en le dégageant de ses chaînes : cette théorie devient palpable, par la plus simple des expériences ; observons dans les écoles d'artillerie, un boulet qui parcourt 600 pieds dans la première seconde, et qui vient tomber brûlant à nos pieds, après avoir parcouru dans l'air sa parabole. Assurément le feu, qu'il exhale sur toute sa surface, ne vient point de la poudre qui lui a donné l'impulsion, puisqu'elle n'a été en contact qu'avec quelques points de son étendue, et seulement la dix-huit millième partie d'une minute : son embrasement est dû tout entier à la pression rapide de l'air qu'il a traversé : ici le mouvement a tout opéré ; il est à la fois la cause et l'effet, l'agent et le phénomène.

Parmi les corps soumis à l'analyse, il en est qui malgré leur apparence hétérogène, recèlent tellement dans leur substance le feu qui les constitue, qu'on ne peut les décomposer sans les ramener à leur principe ; tel est l'Alcohol qui brule tout entier sans laisser aucun résidu, qui se convertit en une flamme pure et qui passait pour le seul corps qui fût vraiment l'aliment du feu, à l'école de l'illustre Boërhaave.

Tel est encore mieux ce diamant qui, exposé le jour au soleil, étincelle dans l'ombre de la nuit, brille lors même qu'il est brut, quand on le rougit au feu, et devient par le simple frottement le plus beau des phosphores ; des expériences de nos jours, ont démontré que le feu chymique suffit pour l'anéantir comme l'Alcohol, sans qu'il en reste la plus faible trace; seulement quelque temps avant sa destruction, on le voit un peu plus volumineux, parce qu'il est enveloppé d'une flamme légère qui le rend phosphorique : il est évident que le diamant, ainsi subjugué par la chymie, s'est converti dans la substance du feu dont il émane.

Un ouvrage de la nature de celui-ci ne

comportant que des résultats, sans perdre le temps à analyser toutes les substances de ce globe, il suffit d'annoncer que toutes les découvertes modernes en histoire naturelle, tendent à prouver que notre terre, nos minéraux, nos substances mixtes ne sont qu'un verre déguisé : or, parmi les corps que nous connaissons, il n'en existe point qui soit plus impregné du fluide igné que le verre; le feu électrique fait partie de son essence : « Je conjecture, dit « Francklin, le Descartes de l'électricité, « que si on trouvait le moyen de l'en re- « tirer, il cesserait d'être verre; on épui- « serait la substance, et le mode serait « anéanti. »

Tout ce qui existe dans les vastes déserts de l'espace fut donc originairement feu : trente ans d'études de la nature m'ont conduit à ce grand résultat, et je suis contraint d'offrir ici la substance de plusieurs volumes, en quelques pages.

Mais depuis que, par une merveille à jamais inexplicable à l'intelligence humaine, il s'est formé, d'un tout homogène, une quantité innombrable d'êtres hétérogènes, le feu principe n'existe nulle part à nos yeux dans sa pureté élémentaire; à cet égard le feu le plus altéré me semble celui du creuset des chymistes : celui qui renferme le fluide électrique, l'est un peu moins : en remontant un dégré de l'échelle, je trouve le feu solaire concentré au foyer de la lentille de Trudaine ou du miroir d'Archimède : il est probable que d'autres soleils placés aux bornes du firmament, et supérieurs au nôtre par leur volume et par la rapidité de leur rotation sur leur axe, approchent encore plus de l'organisation élémentaire; et sans-doute que si l'on pouvait se flatter de rencontrer dans le ciel un feu qui approchât du feu principe, il faudrait le chercher dans ce corps central, autour duquel se meuvent tous les systèmes solaires, et qu'on peut regarder comme la capitale de l'univers.

Il est souverainement absurde de rechercher quelle fût l'origine de ce feu élémentaire, principe de tout ce qui est renfermé dans le vaste sein de la nature; puisqu'il existe, il a toujours existé; car comment aurait-il passé du néant à l'être? et qu'est-ce que le néant dans la langue du philosophe?

Mais il nous importe infiniment d'établir une espèce de pont de communication, entre le feu élémentaire, qui ne subsiste plus que dans notre entendement, et le feu dégénéré que recèlent tous les corps soumis à notre analyse: c'est à cette théorie intermédiaire que nous devons les faisceaux de lumière destinés à éclairer la nuit de notre Cosmogonie.

Un des grands attributs du feu élémentaire, c'est la fluidité: les atômes qui le constituent n'ont aucune cohérence, et tout porte à croire qu'il est le seul fluide par lui-même : cet élément principe semble destiné à empêcher tous les corps qui s'organisent, de former une seule masse. On a de la peine, quand on jette les yeux sur tout ce qui nous environne, de se faire une idée d'un fluide par essence : mais pour arriver à l'origine de tout, il faut bien étendre sa pensée au-delà des limites de l'univers actuel. Les élémens de tous les êtres dûrent être essentiellement fluides, parce qu'ils étaient essentiellement homogènes : ce n'est que dans la suite qu'à force de fermenter, de servir soit de véhicule, soit de dissolvant aux corps, ils sont devenus composés ; ainsi ne jugeons jamais de l'existence primitive des corps par leur existence actuelle, et sçachons décomposer, avec l'imagination, cette chrysalide, pour y trouver à la fois les débris d'un ver et le germe d'un papillon.

Si je franchis tout d'un coup tous les degrés intermédiaires de l'échelle, et que j'arrive aux corps opaques, je vois qu'ils ne sont devenus tels, que parce que le feu élémentaire y est enchaîné et sans énergie ; mais rendez-le à lui-même en brisant ses entraves, et le corps qu'il pénètre, reprendra sa fluidité primitive. Lorsqu'on fit, il y a quelques années, les belles expériences de la décomposition des corps, avec la lentille de Trudaine, on observa que l'or, le plus dense des métaux, placé au foyer du miroir, s'élevait en vapeurs à la hauteur de cinq ou six pouces ; assurément cette vapeur n'était que de l'or fluide, puisque les lames d'argent qu'on y exposait y devenaient du vermeil ; la fixité n'est donc qu'un attribut accidentel des corps, dépendant du peu d'énergie du feu qu'ils renferment. Ce principe, auquel la physique moderne a donné tout son développement, est une des clefs de la nature.

Mais le feu libre dans l'être élémentaire, et le feu enchaîné dans les corps modifiés qui frappent nos regards, doivent avoir chacun des propriétés qui semblent s'exclure, et c'est ici que nouveau Colomb, je marche seul à la découverte d'un nouvel univers.

Newton a trouvé les loix des corps solides qui recélent un feu captif dans leur sein : il a prouvé qu'ils gravitaient en raison directe de leur masse et en raison inverse du quarré des distances ; son génie aidé de cette sublime découverte, a plané dans les déserts incommensurables du firmament, et il a dressé la carte des cieux avec autant d'exactitude que s'il avait assisté au conseil primordial de l'ordonnateur des mondes.

Mais il s'en faut bien que cette puissance de graviter puisse s'appliquer aux êtres primitifs comme aux êtres modifiés ; ici la nature a posé une ligne de démarcation, qui, depuis que les corps ont descendu par une nuance insensible, de la fluidité élémentaire jusqu'à la plus grande fixité, semble séparer à jamais les deux extrémités de l'échelle.

Newton a mis en doute si le feu pesait : ce doute honore la circonspection de ce grand homme : mais aujourd'hui que plus éclairés, par les découvertes de Newton même, nous ne devons douter que de ce qui limite la nature, et non de ce qui donne une grande idée de son pouvoir, il faut dire avec courage que non-seulement le feu élémentaire ne gravite point, mais que même par-tout où il domine, il empêche la matière de graviter.

L'énergie du feu principe ne peut s'expliquer, que par cette force expansive, qui, dans la grande sphère de l'univers, le fait tendre sans cesse du centre à la circonférence.

Cette force expansive est diamétralement opposée à celle des corps en masse, qui les fait graviter de tous les points de leur surface au point central de leur noyau.

Par-tout où le premier principe peut déployer son énergie, la gravitation s'anéantit :

par.tout où il est dominé, la force attractive se développe, suivant les belles loix avec lesquelles le génie de Newton s'est asservi l'univers.

En un mot, le dernier période de la fluidité annonce celui de la force expansive du premier élément, et le dernier terme de la fixité celui de la force attractive des corps en contact ; ces deux puissances se combattent sans cesse, et de leur lutte éternelle résulte l'équilibre de l'univers.

Cette théorie a d'autant plus de droit aux regards du philosophe, qu'elle dénoue sans merveilleux et sans machines le grand drame de l'origine des êtres.

Pour peu qu'on soit initié dans les mystères de la haute astronomie, on sçait que tous les corps célestes obéissent dans leur cours à deux forces contraires ; l'une qui tend à les écarter d'un corps central, dans la direction d'une ligne tangente à leur orbite et qu'on peut appeler force tangentielle; l'autre qui les en écarte sans cesse, pour les faire graviter vers un foyer d'activité : on peut donner à cette dernière le nom de force centrale ; or, tous ces phénomènes s'expliquent avec le concours de nos deux puissances : le feu principe, dans l'origine des choses, projetta de son sein les corps hétérogènes qui tendaient à se réunir, et les astres que ceux-ci rencontrèrent dans leur cours, changeant à chaque instant par leur masse la direction donnée par le projectile, leur firent décrire des ellipses.

Plus on étudie cette hypothèse, plus on s'apperçoit de son heureuse fécondité.

A mesure que le feu élémentaire va en se dégradant, il perd de l'intensité de sa force expansive ; lorsqu'il avait encore sa pureté originelle, dans le corps central de l'univers, il put projetter les soleils qu'on voit encore allumés dans l'espace : aujourd'hui qu'il n'existe que dégénéré dans ces

ces immenses foyers de lumières, à peine lui reste-t-il assez de force, pour lancer hors de leurs disques ces amas de fluide hétérogène, qu'on dégrade par le nom vulgaire de taches, quoiqu'ils ayent souvent trois fois plus de volume que notre planète.

Nous sçavons par la belle théorie Newtonienne, que la gravitation a d'autant plus d'énergie que les corps sur lesquels elle s'exerce sont plus en contact : le grand homme qui l'a créé a calculé aussi que cette force décroissant à mesure que la fixité diminue, devient nulle par le grand éloignement des molécules ; d'un autre côté, notre hypothèse sur la force expansive du feu, tend à prouver qu'elle va en s'affaiblissant, jusqu'à ce qu'elle parvienne aux limites de la gravitation : il y a donc, dans la grande chaîne des êtres, un fluide intermédiaire, où le feu, ainsi que le pouvoir de graviter, sont à la fois dans un état d'inertie : et c'est de l'existence de ce fluide que résulte la solution d'un problême, jugé inexplicable par toutes les classes de philosophes.

Les comètes décrivent leurs paraboles, et les planètes leurs ellipses, dans un milieu que jusqu'ici les astronomes craignaient de définir; car si l'espace est plein, il oppose aux astres une résistance qui détruit sans cesse les élémens de leurs orbites, et cette résistance doit amener peu à peu l'anéantissement des mondes : la lune doit retomber sur notre globe, notre globe dans le soleil et le soleil lui-même dans le système central, autour duquel il tourne, avec son cortège de planètes et de comètes.

D'un autre côté le vuide des disciples de Newton est, dans la grammaire philosophique, un mot privé de sens : car il est synonime de néant et le néant ne pouvant se définir n'explique rien en astronomie.

Toute cette nuit profonde se dissipe, en plaçant le fluide de l'Ether, que traversent les corps célestes, sur les confins de l'empire du feu et de celui de l'attraction.

D'abord l'Ether remplit tous les interstices des corps, sur-tout, l'espace immense du firmament, où nagent les astres : ainsi l'être ne touche point au néant et il n'y a point de vuide absolu dans la nature.

Cet Ether n'ayant ni force expansive ni force attractive en activité, ne détourne presqu'en aucun sens le corps céleste qui le parcourt, de la ligne droite où l'a lancé le projectile, ni de la courbe que le soleil, vers lequel il gravite, lui fait décrire.

Pour démontrer que l'Ether ne résistait pas, on a calculé que ce fluide était sept cents mille fois plus rare que l'air que nous respirons : mais cette évaluation porte sur des bases à la fois ingénieuses et infidelles : le déplacement de molécules, qui ne seraient que sept cents mille fois moins denses que l'air, supposerait une résistance, qui, toute inappréciable qu'elle parait, tendrait, après des myriades de siècles, à intervertir l'ordre du firmament.

Sans doute, il sera toujours impossible de démontrer avec une rigueur mathématique, comment un fluide, quelqu'infinie que soit la ténuité de ses molécules, ne rallentit pas d'une manière sensible par son déplacement, la marche des corps célestes qui le traversent; mais c'est un fait, dont l'histoire approfondie du ciel ne permet pas de douter; au reste, on trouve, jusques dans l'astronomie Newtonienne, une preuve convaincante, que le fluide Ethéré n'offre point une résistance calculable aux astres qui y décrivent leurs orbites : les vapeurs des comètes, qui s'élèvent en colonnes au-dessus de leurs globes, en suivent le cours, sans que malgré leur légèreté, le milieu qu'elles parcourent les fasse diverger ou les disperse; toute la queue de celle de 1680, formée dans l'intervalle de deux jours, écoulés, depuis le passage au périhélie, parcourut dans ces quarante-huit heures près de dix millions de lieues, quoique le plus faible contact d'un fluide résistant dut porter atteinte à un composé si frèle et si aisé à détruire.

Et ce qui achève de démontrer la nullité d'une résistance sensible de la part de l'Ether, c'est que le mouvement imprimé à la naissance des corps célestes par le projectile, semble à quelques égards rester toujours le même : tous les monumens astronomiques de la plus ancienne chronologie se réunissent pour attester ce fait : si cependant, quand il s'agit des grandes époques du ciel, des observations sur notre petit globe, qui ne remontent pas à plus de cent siècles, peuvent établir quelqu'antiquité dans une chronologie.

La derniere considération que je me permettrai, dans une matière aussi conjecturale que celle des élémens de la matière, regarde le pas prodigieux que le feu principe a fait vers l'hétérogènéité : on ne peut se dissimuler que dans l'état actuel du firmament, la force attractive ou centrale, ne l'emporte infiniment sur la force expansive ou tangentielle ; par exemple la lumière, qui émane des étoiles les plus voisines de notre système solaire, suppose une vitesse six cents mille fois plus grande que celle du son : mais la gravitation incomparablement plus active, se propage avec une rapidité huit millions de fois plus grande que celle de la lumière. Je suppose, pour me faire entendre, que notre globe, tiré de la classe des infiniment petits, eut une masse assez prodigieuse pour influer sur une étoile fixe : alors, tandisque le fluide expansif serait près de huit ans, comme nous l'avons vû, à parcourir l'espace, qui nous sépare de ce Soleil d'un autre système, la force qui fait graviter les corps en masse ne serait que trente secondes à franchir le même intervale.

Ma philosophie circonspecte n'ose exposer en ce moment les résultats des principes quelle expose ; elle n'ose dire que, si on pouvait assigner une durée à ce qui semble contemporain de l'éternité, il faudrait supposer que, dans l'origine de tout, le fluide expansif occupa seul l'immensité de l'espace ; il faudrait ajouter que dans la période où nous sommes, la gravitation a un empire plus étendu que le feu principe, et prédire, que, quand cette dernière puissance se trouvera totalement enchaînée par sa rivale, la nature, telle que nous la concevons, sera anéantie, et qu'un nouvel ordre de choses régnera dans l'univers.

DE L'INFINITÉ
DE L'ESPACE,
GRADATION ET HARMONIE
DES CORPS CÉLESTES,
QUI Y DÉCRIVENT LEURS ORBITES.

Après avoir fait pressentir quels sont les êtres qui ont été les premiers agens de la nature, il faut considérer le théâtre où elle les a fait mouvoir.

Il a été un temps, où il n'était pas permis au sage de supposer l'espace infini ; le despotisme des rois et l'intolérance des prêtres se réunissaient à frapper d'anathême, tout ce qui admettait une autre physique que celle de la théologie ; l'illustre Kepler se trouva entraîné à cette opinion par ses grandes découvertes en astronomie ; mais timide, comme on l'est, quand on veut fonder un culte, sans avoir secoué les entraves du sien, on voit qu'il s'effraye des résultats de son hypothèse ; il multiplie de frivoles objections pour se dispenser d'être conséquent : il fait un pas de géant vers la vérité, et quand il en est près, il en recule deux, pour n'être point ébloui par sa lumière.

Je ne vois cependant pas, en quoi l'opinion qui ne met aucunes bornes aux merveilles de la nature, peut blesser la majesté du suprême ordonnateur des mondes.

Et l'opinion contraire blesse essentiellement les loix de la physique : elle entoure du vuide, c'est-à-dire du néant, l'espace où se meuvent les corps célestes ; elle place la nature agissante auprès de son tombeau.

Halley, l'homme qui, après Kepler, Cassini et Newton, a le mieux connu le ciel ; qu'il s'était asservi avec son génie et son télescope, a ajouté une nouvelle preuve à l'hypothèse de l'infinité de l'espace. Suivant ce grand homme, le vuide qu'on suppose, d'après les Cosmogonies sacerdotales, n'ayant aucune action sur les corps célestes, il est de toute nécessité que ceux-ci, des limites de l'univers fini, soient attirés fortement vers un système central ; dès-lors il n'y a plus d'équilibre entre la force motrice et celle de la pésanteur ; et peu à peu tous les astres du firmament, tant soleils que planètes et comètes, doivent se réunir, pour ne former qu'une masse sans mouvement et sans énergie.

Un ouvrage de la nature de celui-ci, ne comporte pas une discussion métaphysique; mais le tableau de l'effroyable immensité de l'espace, que je vais tracer, ajoutera une espèce d'évidence morale à l'hypothèse de Halley : quoique des séries incalculables de quantité finies ne puissent composer l'infini, on ne prononcera pas que le néant absolu circonscrit les plaines de l'Ether ; on aimera mieux, dans une question aussi délicate, supposer des bornes à notre esprit que d'en supposer à la nature.

Si nous partons de la Terre, le premier

globe qui frappe nos regards, nous voyons que, malgré sa circonférence de 9000 lieues, elle n'est qu'un point dans l'espace, parfaitement invisible même au télescope, hors des limites de notre système solaire : ainsi on ne peut attribuer qu'à l'ignorance religieuse ou à l'orgueil du philosophisme, si l'opinion que notre globe est le point central de l'univers, a infesté notre Europe pendant quinze siècles : aujourd'hui le plus simple des calculs démontre le néant de cette hypothèse : la terre roule-t-elle autour de son axe? les points de son Équateur ne parcourent qu'environ 238 toises par seconde, ce qui se concilie parfaitement avec les loix du mouvement : mais l'inquisition qui condamna Galilée, nous force-t-elle à admettre, que notre globe immobile voit rouler autour de lui les Soleils allumés dans le firmament, il faut supposer à ces corps célestes une vitesse par seconde de près de trente mille lieues, ce qui confond toutes les idées reçues dans la saine physique.

La terre décrit, dans sa révolution annuelle, un orbite de plus de deux cents dix millions de lieues : et cet orbite, qui paraît si immense à notre petite vanité, n'est encore qu'un point, par rapport à l'immensité de l'espace; car les étoiles, qui, dans le cours de notre année, devraient répondre à différentes positions du ciel, comme le rivage d'un fleuve change pour le navigateur, semblent cependant parfaitement immobiles. Il est bien évident que cette illusion d'optique vient du peu de rapport, entre l'orbite de la terre et l'effroyable intervalle qui la sépare des fixes : notre globe qui ne parcourt que deux cents dix millions de lieues dans les déserts incommensurables de l'espace, est à cet égard comme s'il n'avait aucun mouvement.

Il ne faut parler ici ni de Mercure, ni de Vénus, ni de Mars, qui n'ayant pas l'étendue de notre globe, ne peuvent jouer qu'un rôle infiniment subalterne dans le firmament : mais Jupiter, qui a plus de douze cents quatre-vingt fois la grosseur de la Terre, mérite un peu plus de fixer nos regards. Si sa distance moyenne au Soleil est de cent quatre-vingt millions sept cents quatre-vingt quatorze mille huit cents deux lieues, on ne peut se dispenser, à cause de l'excentricité de son ellipse, de lui supposer un orbite d'environ un milliard cent deux millions de lieues : la planète parcourt, avec ses satellites, un pareil espace en douze ans, moins quarante-huit jours; et quoique notre imagination commence à se perdre dans un pareil calcul, nous sommes à peine à la barrière de la carrière immense qui nous reste à parcourir.

Saturne, qui dans la moyenne distance de son ellipse, n'approche jamais plus du Soleil que de trois cents trente-un millions six cents vingt-huit mille huit cents soixante lieues, décrit, en vingt-neuf ans et demi, autour du Soleil, un orbite d'au moins deux milliards cinquante millions de lieues, et cet orbite formait à peu près les limites de notre système solaire, dans notre ancienne astronomie.

Le télescope d'Herschell et la théorie des comètes, ont depuis peu singulièrement étendu le champ de notre système : on a reconnu que Saturne, malgré son éloignement, était encore loin d'atteindre les frontières de l'empire du Soleil.

Une nouvelle planète, roulant en silence dans l'espace, depuis des myriades de siècles, paraît tout-à-coup le 13 mars 1781, aux yeux d'un musicien allemand : les astronomes calculent, de toutes les capitales de l'Europe, les élémens de son orbite, et il se trouve que la monarchie solaire a acquis, au delà de la sphère où on l'avait circonscrite, une de ses plus vastes provinces.

La planète d'Herschell compte au moins

six cents trente-six millions de lieues, dans sa moyenne distance du Soleil : ce serait douze cents soixante et douze millions, pour le diamètre de l'orbite qu'elle parcourt, si cet orbite était circulaire, et trois milliards huit cents soixante et treize millions huit cents dix-huit mille cent quatre-vingt-une, pour sa circonférence ; mais comme le cours de ce corps céleste est elliptique, on s'éloigne peu de la vérité, en lui faisant décrire un orbe de quatre milliards de lieues autour du Soleil.

Il semble que l'imagination la plus vagabonde doit se reposer, quand elle a créé un empire de quatre milliards de lieues dans les déserts de l'espace : on est même tenté de croire qu'un pareil tableau a été tracé avec la baguette d'Armide, plutôt qu'avec les crayons du philosophe : mais je suis loin d'avoir épuisé en ce genre la carrière des merveilles ; la théorie des comètes va aggrandir encore à nos yeux le théâtre long-temps inaccessible de la nature.

Il est d'abord évident qu'une sphère de quatre milliards de lieues de circonférence qui ne serait occupée que par un Soleil, sept planètes et leurs satellites, ne pourrait être considérée que comme une solitude immense, peu faite pour caractériser les vues génératrices de l'ordonnateur des mondes : aussi les astronomes les plus éclairés, partant du beau principe qu'il doit y avoir autant de corps célestes qu'il peut s'en mouvoir librement dans l'enceinte de l'univers, placent-ils, dans l'effroyable désert que nous venons de faire pressentir, des millions de planètes d'un second ordre, qu'on désigne sous le nom de comètes.

Il était difficile de soupçonner cette théorie du ciel, avant le commencement du dix-septième siècle : jusqu'alors les plus célèbres philosophes, et Copernic lui-même le créateur de notre astronomie, avaient
suit

fait mouvoir les corps célestes dans des orbites circulaires, ce qui circonscrivait dans les plus étroites limites l'empire du Soleil; Kepler vint, il eut le courage de substituer à ces cercles imaginaires, des ellipses; alors les comètes eurent une route tracée, et cette découverte fut un pas de géant en Cosmogonie.

L'ellipse des planètes approche beaucoup de la coupe circulaire, au lieu que celle des comètes est infiniment allongée : ainsi le Soleil est à peu près dans le centre des unes, au lieu que pour les autres, il n'occupe qu'un de leurs foyers : d'ailleurs, tandis que les planètes ne se meuvent que d Occident en Orient, toutes à peu près dans le même plan, et presque dans celui de l'Équateur de l'astre central vers lequel elles gravitent, les comètes sont diversement inclinées, et entr'elles, et avec l'Équateur du Soleil. Aucune loi générale n'a semblé jusqu'ici déterminer le mouvement de ces dernières; il y en a qui vont, comme notre système planetaire, d'Occident en Orient, suivant l'ordre des signes du Zodiaque, d'autres roulent dans un ordre contraire, en remontant contre ces signes et suivant une marche rétrograde; libres en apparence de toute espèce de joug, elles se meuvent en tout sens et se croisent en toute sorte de direction ; ces considérations tendent à démontrer que notre système Solaire est beaucoup plus fait pour loger des comètes que des planètes.

L'ingénieux Lambert, dans ses lettres Cosmologiques, que le vulgaire des lecteurs a trouvées paradoxales, mais qu'aucun sçavant n'a osé refuter, est parti d'une conception aussi simple que sublime sur la population de l'univers, pour justifier le nombre effroyable de comètes qu'il a lancées dans l'espace. Si, comme le laisse à entendre cet ingénieux astronome, une solitude immense répugne avec les hautes idées que le sage se forme des merveilles

de la nature, il faut peupler l'espace, autant
qu'il est possible, sans qu'il en résulte un
défaut d'harmonie; ainsi le plan parfait du
système astronomique, est celui où il entra
le plus grand nombre d'orbites, tous séparés les uns des autres et ne se coupant
en aucun sens : or notre système Solaire
est infiniment plus favorable aux ellipses
excentriques qu'aux ellipses presque circulaires; on a calculé, d'après la plus faible
évaluation, qu'un espace, qui comporterait
cent cinquante orbites de planètes, en admettrait au moins trois mille six cents de
comètes.

Nous avons à peine soixante et dix de
ces comètes calculées, soit parce que les
quatre-vingt dix-neuf centièmes, de celles
dont le Périhélie est plus éloigné du soleil
que notre globe, sont invisibles pour nous,
soit parce qu'il y a trop peu de temps qu'on
a appliqué à leur recherche le génie de
Cassini et le télescope d'Herschell : mais en

partant seulement de la fameuse table de Halley, qui a vérifié les élémens d'une vingtaine de ces corps célestes, l'ingénieux auteur des lettres Cosmologiques a prouvé, que sans gêner la liberté du mouvement et sans se permettre l'intersection des orbites, il pouvait y en avoir cinq cents mille entre Saturne et le Soleil.

Lorsque l'ouvrage du sçavant Lambert parut en Europe, on n'avait point rencontré encore dans l'espace la planète d'Herschell, qui recule si prodigieusement les limites de notre système Solaire ; et comme l'intervalle qui sépare Saturne d'Herschell, est pour le moins aussi grand, que celui qu'on a mesuré entre cette première planète et le Soleil, il s'ensuit que pour peupler les deux milliards de lieues qui ont échappé au calcul des lettres Cosmologiques, il n'y a point de témérité à y placer encore cinq cents mille comètes.

Mais Herschell est encore bien loin d'at-

teindre aux frontières du système Solaire.
Nous avons des comètes, telles que celle
de 1680, qui, grace à une période de 575 ans,
s'enfoncent, dans leur Aphélie, à une bien
plus énorme profondeur; Buffon qui, emporté par son génie ardent, calculait plus
avec son imagination qu'avec sa plume,
s'est contenté d'assurer vaguement, que
cette comète célèbre s'éloignait du foyer
de son ellipse, quinze fois plus que Saturne,
ce qui placerait son Aphélie à 4,338,432,900
lieues au de là d'Herschell : mais le plus
célèbre de ses disciples, en partant d'une
base plus sure a trouvé qu'elle était des-
cendue, d'une distance de plus de cinq milliards sept cents millions de lieues, calcul
qui conduit à peupler encore cinq milliards et soixante-quatre millions de lieues
de désert, entre la planète d'Herschell et
les bornes de l'empire du Soleil.

Si comme on y est conduit, soit par les
principes de l'analogie, soit par la considé-

ration de l'effroyable intervalle qui nous sépare de la région des étoiles, on ne peut se dispenser de supposer encore autant d'espace, entre les confins de notre système Solaire et la comète de 1680, que l'astronomie en met entre ce dernier corps céleste, et la planète d'Herschell, nous atteindrons peut-être une échelle d'approximation, d'après laquelle notre imagination pourra moins s'égarer dans les déserts infinis de l'espace.

Nous avons vu que la distance moyenne d'Herschell au Soleil, était au moins de 636 millions de lieues; si on en ajoute cinq milliards, soixante-quatre millions, pour l'espace entre la nouvelle planète et l'Aphélie de la comète de 1680, et autant pour l'intervalle entre la comète et les confins de l'empire Solaire, on parvient au rayon total d'une sphère, qui aurait dix milliards sept cents soixante-quatre millions de lieues, ce qui en produit vingt-un milliards, cinq cents vingt-huit millions pour le diamètre, et un peu plus de soixante-cinq milliards, cinq cents soixante-deux millions pour la circonférence.

Voilà donc notre Soleil, centre d'un seul système, qui soumet un espace sphérique d'environ soixante-six milliards de lieues de tour à son influence.

Mais, comme nous l'avons déjà observé, il est de la suprême sagesse de l'ordonnateur des mondes, de peupler l'univers d'autant de corps célestes qu'il en peut admettre, pourvu qu'il n'y ait point, dans un espace percé de tant de millions de routes, des rencontres dangereuses entre les astres qui les parcourent, ou seulement que les perturbations des masses environnantes ne dérangent pas d'une manière sensible les élémens de leurs orbites : voyons d'après ce principe, jusqu'à quel dégré une philosophie courageuse peut étendre la population de notre système Solaire.

Le sçavant astronome Lambert a calculé, qu'il devait y avoir cinq cents mille comètes entre le Soleil et Saturne ; il doit y en avoir autant entre cette dernière planète et Herschell, puisque l'intervalle est le même : d'Herschell, à l'Aphélie de la comète de 1680, nos tables nous donnent cinq milliards soixante et quatre millions de lieues, c'est à-dire, près de huit fois autant d'espace qu'entre le Soleil et Herschell. Voilà donc huit millions de comètes à ajouter au million déjà calculé ; et comme la comète de 1680, n'est censée qu'au centre de l'intervalle qui sépare Herschell des confins du système Solaire, on ne peut se refuser à l'idée que notre Soleil est le foyer de l'orbite de dix-sept millions de comètes.

Quel est maintenant le rapport qu'offre l'analogie, la seule de nos preuves dans une matière aussi conjecturale, entre le nombre des comètes et celui des planètes ?

Nos yeux et nos télescopes ont découvert

dans notre système Solaire sept planètes principales : et parmi les secondaires, un Satellite de Venus, (contesté par quelques astronomes), notre Lune, les quatre Satellites de Jupiter, les cinq de Saturne avec son Anneau et les deux d'Herschell ; en tout vingt-une planètes. Assurément il n'y a que l'ignorance présomptueuse, qui puisse affirmer, qu'il n'existe que vingt-une planètes, dans une sphère de soixante-six milliards de lieues de tour, peuplée de dix-sept millions de comètes.

Qu'on se rappelle que les yeux ne découvrent, dans notre système, que six planètes principales et un seul Satellite ; que les meilleurs télescopes, jusqu'en 1781, n'ont ajouté aux astres secondaires que les quatre Satellites de Jupiter et les cinq de Saturne avec son Anneau, et que jusqu'à ce qu'Herschell eut découvert sa planète, on pouvait, d'après les anciens préjugés, soupçonner dans le ciel, un rayon de sphère, au moins trente fois plus grand, que les trois cents trente-un millions de lieues entre le Soleil et Saturne, tout-à-fait désert et inaccessible également aux planètes et aux comètes.

Nos recherches nous ont appris à ne point calomnier la nature, à ne point circonscrire ses ouvrages dans le cercle étroit de notre entendement, à ne point la croire inactive et morte, parce qu'elle travaille en silence, hors de la portée de nos télescopes.

Si l'on voulait avoir un apperçu du nombre de planètes que peut comporter notre système Solaire, on pourrait partir du calcul des lettres Cosmologiques, qui suppose le rapport des ellipses excentriques aux ellipses presque circulaires, de 3600 à 150 ; c'est-à-dire, que l'espace où une planète décrirait son orbite, pourrait renfermer vingt quatre orbites de comètes : d'après cette hypothèse, on pourrait, en admettant un nombre rond, faire mouvoir dans l'empire Solaire au moins sept cents mille planètes.

Aussi tout me persuade qu'à cette époque même, ou l'univers dégradé par le torrent des siècles, a perdu une partie de sa puissance génératrice, l'astre dominateur de notre système donne encore des loix à sept cents mille planètes du premier ou du second ordre, et à dix-sept millions de comètes, embrassant ainsi dans son activité une sphère de soixante-six milliards de lieues de circonférence.

En atteignant les limites du système Solaire, à peine sommes-nous au péristyle du temple colossal de la nature.

Un système ne touche point à un autre système : si cela était, les planètes et les comètes des deux empires, éprouveraient par leur approche des perturbations, qui changeraient les élémens de leurs orbites : peut-être même qu'un corps céleste de la masse de Jupiter, ayant sa marche dirigée vers un astre plus faible d'un autre systéme, le forcerait par sa gravitation à circuler autour de lui, et en ferait un de ses Satellites; il faut, pour que chaque Soleil conserve son trône dans son intégrité, que d'immenses déserts entourent de tout côté les frontières de sa monarchie.

Un autre phénomène, infiniment important dans les annales de l'astronomie, vient à l'appui, pour justifier l'immensité des déserts que nous plaçons entre chaque systême Solaire. Les disciples illustres des Huygens des Cassini et des Euler, se réunissent aujourd'hui pour admettre des comètes d'un ordre particulier, qui obéissent à une plus grande force de projectile, et n'appartenant à aucun systême particulier, semblent appartenir à tous : je vais, pour me faire entendre, analyser l'ingénieux Lambert, le Fontenelle des comètes.

« Les courbes que l'attraction fait dé-
« crire aux corps célestes, ne se bornent

« pas au cercle et à l'ellipse, les sections
« coniques y ont toutes un droit égal, parce
« qu'elles ont toutes un foyer qui peut
« servir de centre à l'attraction.

« Or les sections coniques se touchent
« de bien près : il faut une très-petite force
« mouvante pour faire de l'ellipse une pa-
« rabole, et cette dernière se change très-
« aisément en hyperbole.

« Je suppose qu'un globe de notre sys-
« tême décrive d'abord une parabole ; si
« cette courbe se ferme et devient rentrante,
« le globe nous demeure, et acquiert une
« marche périodique autour du soleil : si
« au contraire elle étend ses rameaux jusqu'à
« devenir hyperbole, le globe s'éloigne de
« plus en plus de notre système et nous
« quitte sans retour.

« Poursuivons cet astre par la pensée,
« nous le verrons, après des myriades de
« siècles, passer les frontières de notre sys.
« tême et s'approcher d'un autre Soleil,

« qui, par la force de sa gravitation, ne
« manquera pas de courber son orbite ;
« de-là il résultera de deux choses l'une :
« ou sa route se changera en ellipse, alors son
» voyage est fini, et il reste au système qui en
« a fait la conquête; ou bien, après avoir pas-
« sé son Périhélie, il reprendra de nouveau sa
« marche hyperbolique, et se rapprochant de
« l'asymptote il s'éloignera en ligne droite,
« pour aller visiter d'autres mondes.

« On peut donc concevoir des comètes
« isolées, se promenant de système en sys-
« tème et faisant le tour de l'univers. On
« aime à se figurer ces globes voyageurs, peu-
« plés d'astronomes, qui sont là exprès pour
« contempler en grand la nature ; leur ob-
« servatoire mobile les fait passer succes-
« sivement par tous les points de vue : ce
« qui les met à portée de déterminer les
« mouvements des corps célestes, d'en me-
« surer les orbites, de calculer comment les
« loix particulières se resolvent dans les

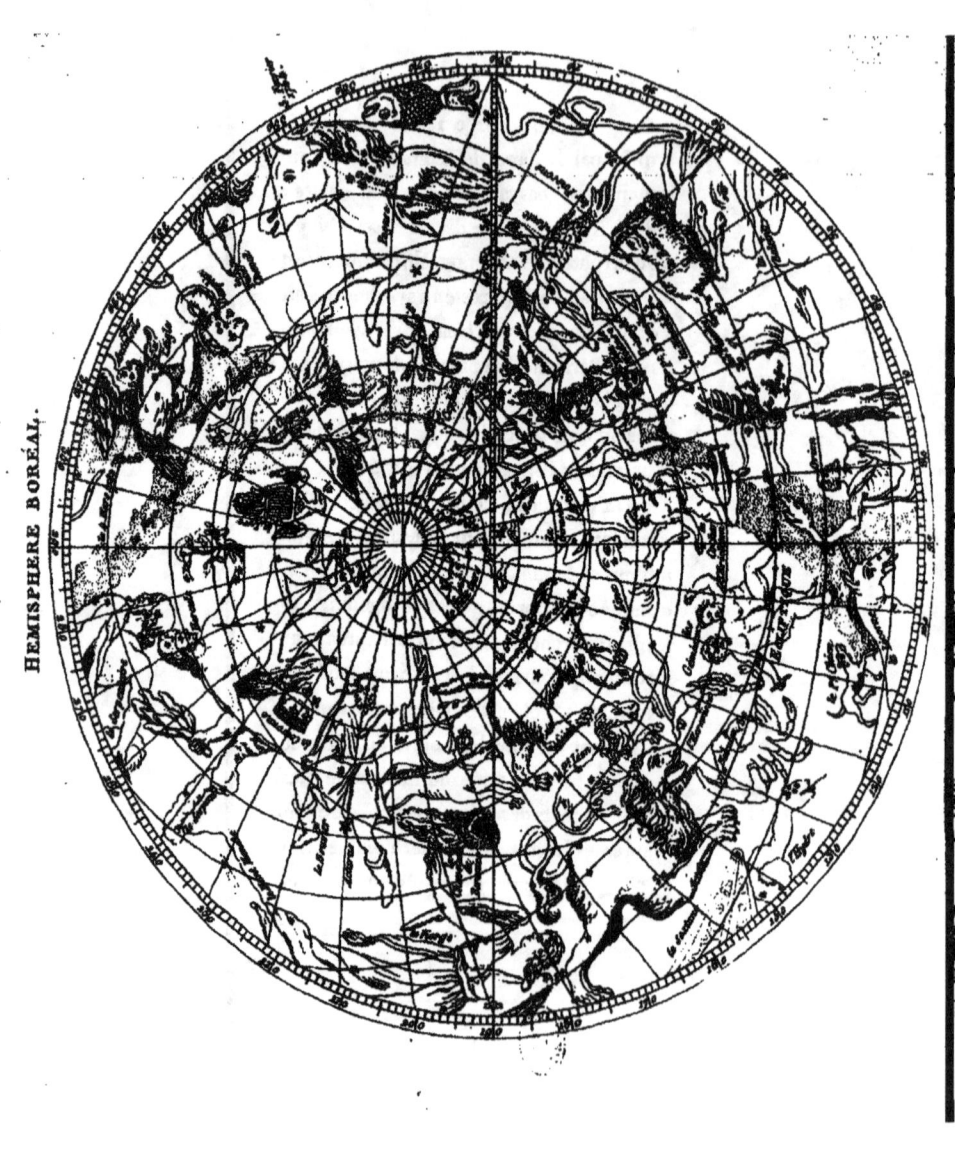
Hémisphère Boréal.

« loix générales et de connaître l'ensemble
« du grand tout, ainsi que ses détails ».

Cette théorie explique comment, dans les annales de l'astronomie, on rencontre de temps en temps des corps célestes, qui n'ont paru qu'une fois, dont l'éclat d'abord très-grand s'est effacé par dégrés, et qui ont fini par rentrer pour nous dans le néant dont ils semblaient sortir; telles sont en particulier les belles étoiles, observées, en 1572, par Tycho-brahé dans Cassiopée, et en 1604 par Kepler dans le Serpentaire; il est évident que ces astres, qui, dans le cours de mille siècles peut-être, n'honorent qu'une fois notre globe de leur présence, sont des comètes à marche hyperbolique, qui se promènent de système en système, et ne courbent leur orbite qu'à l'approche du corps central, foyer commun des comètes isolées, comme de tous les systèmes de l'univers,

Il sera toujours impossible à l'astronomie la plus perfectionnée de calculer la révolution d'un corps céleste, qui ne se montrera une seconde fois à nous, que lorsque dix mille trônes se seront renversés; mais nous pouvons toujours assurer que des astres pareils ont besoin, pour ne pas devenir la conquête de quelques Soleils, d'être séparés de leur système par des déserts inaccessibles; puisqu'en vertu des loix éternelles de la gravitation, l'approche d'une masse puissante suffit pour courber l'orbite d'une comète, il faut qu'il ne s'en rencontre aucune, dans la carrière presqu'infinie qu'elle est forcée de parcourir : ces astres isolés doivent eux-mêmes rouler dans l'espace, à des intervalles qui éloignent entr'eux toute possibilité de perturbation; ainsi tout concourt à admettre entre les systèmes Solaires, des intervalles presqu'incalculables à notre faible arithmétique.

Tâchons cependant, (puisque l'imagination humaine ne s'arrête pas plus que la nature dans ses grandes conceptions), de
sonder

sonder du moins par un vague apperçu la profondeur de cet abyme.

Il m'a paru, à force de recherches, de calculs et de probabilités, que le quarré de quatre me donnait la mesure que je cherchais, c'est-à-dire, qu'on ne pouvait admettre moins de seize fois le diamètre de chacun des systêmes qui s'avoisinent, pour apprécier l'intervalle qui les sépare.

Les élémens de cette théorie sont fondés sur une table d'approximation, de la distance de notre globe aux étoiles.

Et cette table était d'autant plus difficile à dresser, que les fixes n'ont point de parallaxe sensible, à cause de leur éloignement prodigieux : éloignement dont on peut se faire une idée, sans connaissances mathématiques, quand on observe que ces astres nous paraissent toujours avec la même grandeur, quoique nous en soyons quelquefois plus près, de soixante-neuf millions de lieues, considération qui les dérobe non-seulement au calcul, mais même le dirai je, à l'imagination ardente des astronomes à système.

Ce qui ajoutait encore à l'incertitude, c'est que depuis Copernic jusqu'à nos jours, on ne voit aucun accord apparent entre les plus beaux génies, qui ont tenté de résoudre ce problème.

Dominique Cassini, trompé par la scintillation des fixes qui, ajoutant à leur grandeur apparente, donne une fausse parallaxe, se persuadait qu'en multipliant trois millions huit cents quarante mille fois le diamètre de notre globe, on parviendrait aux premières régions habitées du firmament; comme ce calcul ne donne que 10,981,600,000 lieues et que le rayon de notre seul système Solaire, en occupe déjà 10,764,000,000, il est évident que le grand Cassini quoique le ciel parût son domaine, a posé d'une manière infidelle, les colonnes milliaires qui en marquent les routes.

Kepler, de son côté, n'a exprimé cette distance que par une vague approximation, quand il a écrit, que l'étoile la plus voisine de nous était cent quatre-vingt fois plus éloignée que Saturne, ou dix-huit cent fois plus que le Soleil. Comme en adaptant à cette conjecture, notre vraie théorie Solaire, inconnue au temps où vivait ce célèbre astronome, on n'arrive qu'à un résultat d'un peu plus de soixante-deux milliards de lieues, l'impossibilité de placer des comètes à orbites hyperboliques, dans l'intervalle des deux systèmes, empêche que le dogme de Kepler ne devienne un article de foi dans l'évangile de l'astronomie.

Huygens, partant d'une autre donnée, veut qu'on multiplie vingt-sept mille six cents soixante-cinq fois l'intervalle qui sépare notre globe du Soleil, pour arriver à l'orbite d'une étoile; cette évaluation qui donne 961,681,878,200 lieues, laisse une aire suffisante, pour faire circuler librement deux systèmes Solaires et pour placer un grand nombre de comètes hyperboliques dans les déserts intermédiaires : plus on réfléchit à cette opinion, plus on est tenté de croire que c'est quelque chose de plus qu'une hypothèse.

L'exact et laborieux Lalande a reculé encore l'abyme effroyable, mesuré par Huygens ; il lui a donné près de six fois plus de profondeur, en l'exprimant par ces treize chiffres : 6, 771 770, 000,000

L'ingénieux auteur de l'histoire de l'astronomie, plus hardi encore, à supposé aux fixes une parallaxe d'une seconde ; ce qui conduit à les croire deux cents six mille fois plus loin de nous que le Soleil, et à compter par 7,160,906,080,000 lieues l'intervalle qui nous sépare.

Il semble qu'après ces pas de géant tracés dans l'espace par les Bailly et les Lalande, l'imagination n'a plus qu'à se reposer; mais nous ne sommes pas encore aux derniers calculs de notre audacieuse arithmétique.

Le célèbre Euler a examiné, dans sa correspondance astronomique avec une princesse d'Allemagne, combien un rayon de lumière reste de temps a parvenir du disque d'une étoile jusqu'à nous, et il a trouvé qu'il est six ans, malgré son incroyable vélocité, à parcourir cet espace ; s'il était possible, ajoute-t-il, qu'un coup de canon, parti de ce corps céleste, put être transmis jusqu'à nous, il s'écoulerait cinq millions quatre cent mille ans, avant de parvenir à nos oreilles : ces deux assertions supposent qu'il faut multiplier quatre cent mille fois notre distance au Soleil, pour trouver celle des fixes, et le nombre de lieues qui en résulte s'exprime par ces quatorze chiffres : 13,904,672,000,000.

L'ingénieux Lambert a été jusqu'ici le plus audacieux de tous les calculateurs astronomes : car, pour atteindre à une étoile, il a multiplié, jusqu'à cinq cents mille fois, la distance qui nous sépare du Soleil : ce résultat donne les chiffres suivants : 17,380,840,000,000, ce qui commence à anéantir notre entendement.

De toutes ces évaluations de la distance de notre globe à la sphère des fixes, celle qui me semble satisfaire le mieux à toutes les conditions du problème, est celle d'Huygens ; c'est aussi celle que j'adopterai : sans cependant infirmer les résultats hardis des Lambert, des Euler, des Bailly et des Lalande : car comme nous le verrons bientôt, telle est l'heureuse fécondité de mon hypothèse, qu'elle concilie les découvertes, en apparence, les plus contradictoires de nos grands hommes.

Nous avons vû que notre théorie faisait, de 10,764,000,000 lieues le rayon de notre système Solaire, et que celle d'Huygens portait à 961,681,878,200, l'intervalle qui nous sépare de la plus voisine des fixes ;

persuadé que l'astronome, dont j'adopte la méthode, ne pouvant deviner une foule de découvertes postérieures, dans les plaines du ciel, a un peu affaibli son résultat, je porterai la distance calculée à mille milliards de lieues, et celle de notre rayon Solaire simplement à dix milliards ; d'ailleurs, quand on a une fois franchi les limites de notre système, il ne faut plus évaluer que par des nombres ronds : trop de précision dans les calculs annonce un charlatanisme philosophique, qu'il faut laisser à ceux qui aiment mieux créer un univers que d'observer celui de la nature : il ne faut pas perdre de vue, que, transporté une fois par la pensée à mille milliards de lieues, des différences de plusieurs millions sont aussi peu importantes, que celle de quelques toises, quand il s'agit de la circonférence entière de notre globe.

Maintenant que nos bases sont posées, voyons comment concilier la théorie d'Huygens, avec notre principe sur la profondeur des déserts, qui circonscrivent les systèmes Solaires.

Si, dans l'orbite que décrit la terre autour du Soleil, nous partons du point le plus éloigné par rapport à l'étoile, nous avons à traverser le diamètre entier de notre système, avant d'arriver à ses limites. Ce diamètre se trouvant le double du rayon déjà calculé, s'évalue en nombre rond par vingt milliards de lieues. D'après le principe posé, que l'espace au-delà se détermine par la valeur de seize diamètres, il faut en ajouter trois cents vingt milliards, pour exprimer le désert qui circonscrit notre système ; ainsi voilà déjà trois cents quarante milliards de lieues, a ôter des mille milliards, qui, dans l'hypothèse d'Huygens, nous séparent de la sphère de la première étoile.

Quelque faible que nous paraisse une des fixes, du moment que malgré une distance de mille milliards de lieues, elle brille encore aux yeux de l'observateur, il faut lui supposer au moins le double du volume de notre Soleil, et par conséquent un diamètre double à son système. Nous ne compterons cependant que vingt milliards de lieues, de l'astre à une de ses limites, parce qu'il ne s'agit que d'arriver au disque de l'étoile ; mais les seize diamètres du système entier, nous en fourniront six cents quarante pour son désert.

Si on ajoute les six cents soixante milliards de lieues, qui résultent du rayon de l'étoile et de son désert, avec les trois cents quarante, que fournissent notre système Solaire et l'espace qui le circonscrit, on arrive précisément aux mille milliards de lieues de l'hypothèse d'Huygens, qui caractérisent la distance de notre globe à la plus prochaine des étoiles.

J'ai fait pressentir qu'en suivant l'évaluation d'Huygens, j'étais loin d'infirmer celles des astronomes célèbres, qui ont voyagé après lui dans l'espace ; ce paradoxe s'explique, en supposant que le sçavant, dont nous venons d'adopter la doctrine, avait appliqué le calcul à l'étoile la plus voisine de nous, et que les beaux génies qui lui ont succédé, ont dirigé leurs télescopes, vers des astres d'autres systémes ; une considération philosophique sur l'architecture générale du firmament, va répandre quelque lumière sur cette heureuse conjecture.

Il n'est plus permis dans notre siècle de lumières, de répéter le mensonge astronomique des Grecs, que les étoiles sont toutes attachées à une voute sphérique, également éloignée, dans tous ses points, du centre de notre système. Ni l'ordonnance générale de l'univers, ni la théorie des forces centrales, ne permettent une distribution aussi mesquine, qui d'ailleurs amenerait le mélange des sphères d'activité, l'intersection des orbites, et par conséquent le désastre des mondes : il est bien démontré, par la saine astronomie, que les fixes sont placées dans le ciel à différentes distances, et arrangées par séries apparentes, les unes derrière les autres ; d'abord jusqu'à un point où finit le pouvoir du télescope, et ensuite jusqu'à celui où s'anéantit notre intelligence.

D'après ce principe, tâchons de concilier avec notre théorie, les sept mille milliards de lieues, que supposent les Bailly et les Lalande, entre notre globe et les étoiles soumises à leurs regards observateurs.

Attachons-nous sur-tout au calcul du dernier astronome, qui, rédigé avec la patience d'un Réaumur, et précieux par l'exactitude de ses détails, semble peut-être approcher de la vérité, en bornant à un peu plus de six mille sept cents milliards de lieues, la distance de notre globe au second système d'étoiles.

Notre dernière table d'approximation

ne donnant que l'intervalle qui nous sépare du disque même de la première étoile, il faut faire entrer dans les élémens de celle-ci, non son diamètre, qui, quoique le double de celui de notre Soleil, ne pouvant être estimé qu'environ soixante mille lieues, n'est ici d'aucune influence, mais le rayon de son système, qui en présente vingt milliards, et celui du désert qui le termine, et que nous avons déjà évalué à six cents quarante : nombres qui réunis aux mille milliards qui représentent la distance de la terre à l'étoile, portent déjà l'intervalle cherché à seize cents soixante milliards de lieues.

Maintenant voici les élémens de ma spéculation. D'après le principe posé qu'une étoile vue à mille milliards de lieues, doit être au moins le double de l'astre central, autour duquel nous gravitons, on ne pourrait se dispenser de croire qu'une autre étoile, dont la grandeur serait la même, quoiqu'elle fut distante de six mille sept cents milliards de lieues, n'eut sept ou huit fois le volume de notre Soleil : mais il m'a paru, par le texte du sçavant astronome, qu'il avait soumis à son télescope une des belles étoiles du firmament, et que si celle d'Huygens avait un quart de seconde de parallaxe, la sienne pouvait bien en avoir une demie : ainsi, pour rester servilement fidelle à mes bases, je dois supposer que l'étoile du nouveau systéme a quinze fois le volume de notre Soleil : or le rayon d'un système pareil s'étend à cent cinquante milliards de lieues ; et son diamètre multiplié d'après notre hypothèse, par le quarré de quatre, en offre quatre mille huit cents : si on réunit toutes les sommes correspondantes, on a un total de six mille six cents dix milliards, qui se concilie, avec une sorte d'exactitude faite pour étonner, avec le résultat du laborieux Lalande.

Poursuivons nos recherches, et voyons

si l'estimation du célèbre Euler sortira pure du creuset de notre théorie.

Ce grand géomètre suppose, comme nous l'avons vû, que la distance de notre globe aux fixes, peut être évaluée par quatre cents mille rayons, pareils à celui de notre distance au soleil ; ce qui, dans l'exactitude scrupuleuse, porte cet intervalle à 13,904,672,000,000 lieues ; mais comme l'académicien de Berlin se sert de l'expression AU MOINS, pour rendre sa pensée, cet espace peut se prolonger, sans scrupule, entre quatorze et quinze mille milliards de lieues.

Il faut faire entrer dans la nouvelle table à calculer, le rayon du système de la dernière étoile, et celui de son désert, c'es-à-dire, 4,950,000,000,000 lieues, qui, réunies aux 6,610,000,000,000, de la distance de la terre au disque de l'étoile, constituent déjà un nombre d'onze mille cinq cents soixante milliards.

L'incertitude des élémens de la théorie

d'Euler, sur la vraie grandeur de son étoile, m'oblige à ne lui donner que dix fois le diamètre de notre Soleil : ce qui ne s'écarte pas sensiblement de nos bases : alors, il faut ajouter aux nombres déjà fixés, les cent milliards de lieues du rayon de son système, et les trois mille deux cents de celui de son désert : la somme totale sera, par conséquent, quatorze mille huit cents soixante milliards de lieues, ce qui rapproche, très-heureusement, l'idée du géomètre, de notre hypothèse.

Le dernier système à examiner, est celui des lettres Cosmologiques, qui augmente de cent mille rayons, pareils à celui qui unit notre globe au soleil, ou d'environ trois mille cinq cents milliards de lieues, la distance trouvée par Euler, à la sphère des fixes : l'intervalle apprécié, d'après cette opinion, s'exprime par les quatorze chiffres suivants : 18,500,000,000,000 ; mais comme l'ingénieux astronome annonce que ce nombre est encore trop faible, pour donner la vraie distance cherchée, on ne craint point de se tromper, en la portant entre dix-neuf et vingt mille milliards de lieues.

L'étoile du système, que le sçavant Lambert a eu en vue, n'est point annoncée pour être de la première grandeur : si l'on joint cette considération à celle de sa proximité avec l'astre d'Euler, on est entraîné par le calcul, à lui donner tout au plus un diamètre cinq fois plus grand que celui de notre Soleil. De cette simple donnée semble résulter la solution du problème.

Joignez ensemble le rayon du système de l'étoile d'Euler et celui de son désert, que nous avons évalués ensemble, à trois mille trois cents milliards de lieues : le rayon du nouveau système, qui ne monte qu'à cinquante, et celui de son désert, que nos principes, toujours invariables, étendent à seize cents ; couronnés ces résultats par les

les quatorze mille huit cents soixante milliards, qui représentent l'intervalle de notre globe, au disque du dernier Soleil, et vous rencontrerez le nombre total de 19,810,000,000,000, qui se trouve précisément le même que celui de l'hypothèse des lettres Cosmologiques.

Il semble qu'une conjecture philosophique, qui met tant d'harmonie entre les calculs qui paraissent les plus contradictoires, devrait trouver grace aux yeux des astronomes. Achevons d'éclaircir une matière aussi neuve, en appliquant notre théorie à la fameuse étoile de Sirius.

Sirius est la plus brillante étoile du firmament, et malgré son éclat, les tables d'approximation les plus estimées, ne lui donnent pas tout-à-fait une seconde de parallaxe : le brillant auteur de l'histoire de l'astronomie, rend sensible cette énorme distance par une comparaison ingénieuse avec le Soleil ; reculons, dit-il, par la pensée, l'astre dominateur de notre système ; puisqu'il occupe à nos yeux trente-deux minutes, il est évident qu'il faut le placer trois mille huit cents quarante fois plus loin, pour que son diamètre n'ait que la demi-seconde de parallaxe de Sirius. Cette demi-seconde répond, sur nos grands instruments, à un trois centième de ligne ; et comme il faut cinquante cheveux pour en couvrir une toute entière, il en résulte qu'il faudrait multiplier six fois l'étendue du diamètre de l'astre, pour qu'elle répondit à celle d'un cheveu : un Soleil six fois plus grand, mais placé à un pareil éloignement, serait entièrement éclipsé par un cheveu, placé sur le limbe de l'instrument ; il résulte d'un pareil tableau, que la sagacité d'un Euler réunie à la patience infatigable d'un Lalande, ne pouvant jamais nous donner que des probabilités plus ou moins ingénieuses sur la distance des fixes, on peut, à cet égard, préférer à des détails minutieux, de hautes spéculations qui remplissent davantage l'idée sublime que nous nous formons des ouvrages de la nature.

Jacques Cassini n'a pas même été, à l'égard de Sirius, le Réaumur de l'astronomie; trompé, comme nous avons déjà vû que l'avait été son père, sur la parallaxe de cette étoile qu'il suppose de cinq secondes, il ne fait sa distance que de trois millions huit cents quarante mille diamètres de la terre, ou d'un peu plus d'onze milliards de lieues; et comme notre système Solaire toucherait alors à Sirius, cette hérésie est une des plus absurdes qui se soit glissée dans l'évangile de l'astronomie.

L'auteur illustre de l'histoire de l'astronomie, en partant, contre ses propres principes, de la fausse hypothèse, que la parallaxe de Sirius était de deux secondes, ne lui a supposé qu'une distance cent mille fois plus grande que celle qui nous sépare du Soleil, ou un peu plus de trois mille quatre cents soixante et seize milliards de lieues, ce qui est la placer contre toute saine physique, presqu'aux portes du firmament.

J'aime mieux ici Buffon avec son beau génie et ses paradoxes : il avait établi un premier calcul insidieux, qui ne portait l'intervalle de la terre à Sirius, qu'à 6,771, 804,761,680 lieues; il a eu le courage de chercher les élémens du problème, dans une hypothèse plus digne de la grandeur de la nature; il a pris deux nombres proportionnels au quarré de trente-deux minutes, parallaxe du Soleil, et au quarré d'une seconde, parallaxe supposée de Sirius, et il a trouvé trois millions six cents quatre-vingt-six mille quatre cents pour la distance de notre globe à Sirius, et un seulement, pour celle qui la sépare du Soleil, et comme cette unité vaut 34,761,680, l'intervalle cherché s'exprime par ces quinze chiffres 128,145,457,152,000.

Ce résultat paraît effrayant, et rien ne

prouve mieux combien les préjugés philosophiques, bien plus dangereux que les préjugés populaires, ont rendu notre entendement pusillanime ; que serait-ce donc, si nous ajoutions que le calcul du Pline Français est encore infiniment trop faible, en ce qu'il suppose Sirius de la grosseur de notre Soleil tandis que, suivant Huygens infiniment meilleur astronome, il a peut-être un million de fois plus de volume? alors il faudrait ajouter encore six zéros au nombre trouvé, et le porter à vingt-un chiffres : ce qui commence à nous jetter dans la région inaccessible de l'infini.

Faisons, le moins que nous pourrons, des pas de géant, dans une carrière qui n'est pas encore frayée. Comme la nature ne fait rien par sauts et par bonds, il me semble que puisque le système le plus imposant de tous ceux que nous avons calculés, n'offre qu'une étoile qui a quinze fois le diamètre de notre Soleil, et que nous n'avons encore atteint qu'à une distance d'à-peu-près vingt mille milliards de lieues, il y aurait de la témérité à grossir Sirius, un million de fois plus que l'astre centtal de notre système, et à l'éloigner de nous à une distance de plus de vingt chiffres : modifions à la fois Huygens et Buffon ; et cherchons le vrai entre la pusillanimité et l'audace.

Buffon, pour trouver sa distance de 128 145, 457 152, 000 lieues de notre globe à Sirius, a supposé d'une seconde la parallaxe de ce dernier corps céleste : or il est bien démontré, par les recherches consignées dans les transactions philosophiques, qu'aucune des fixes n'a tout-à-fait cette parallaxe : il semble en particulier que la géométrie en ait fait un axiome, par rapport à quatre étoiles de la première grandeur, qui soutiennent le parallèle avec Sirius : telles que Regulus, l'Épi de la Vierge, Antarès et Aldébaran : d'après cette règle

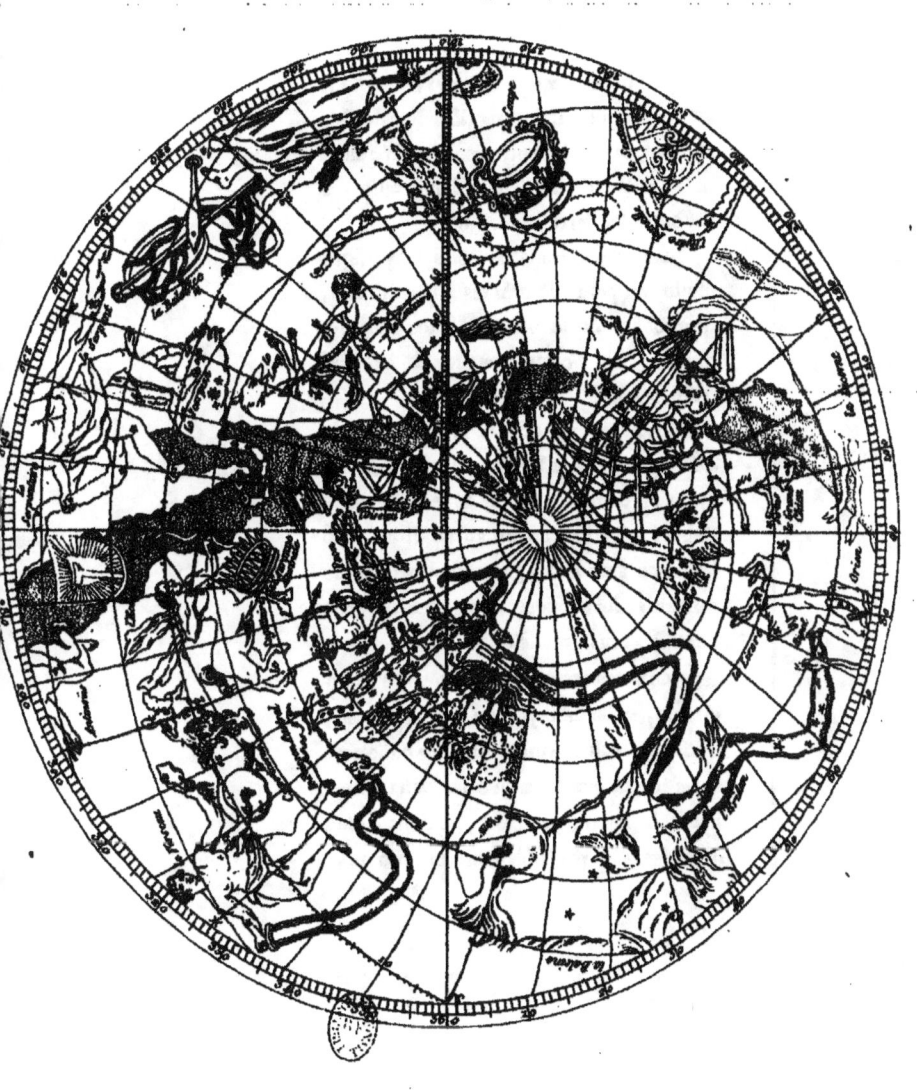

astronomique, il faut rectifier le calcul de Buffon, et réduire entre cent et cent quatre mille milliards de lieues, l'intervalle qui est entre la Terre et Sirius.

Quant au volume de cette magnifique étoile, on peut, d'après les loix suivantes, rapprocher de la vraisemblance philosophique, le calcul vague et exagéré d'Huygens.

Nous avons vu que la première étoile d'Huygens, située à mille milliards de lieues ayant un diamètre double de celui de notre Soleil, il faudrait, si on voyait Sirius avec la même grandeur apparente à cent mille milliards, lui supposer une grandeur réelle cent fois plus grande qu'à l'astre dominateur de notre système: ainsi, sous ce point de vue, voilà le rayon du système Sirien, qu'il faut évaluer à mille milliards de lieues : mais il s'en faut bien que les deux astres ayent la même parallaxe; le petit Soleil d'Huygens a probablement un peu plus d'un quart de seconde, et Sirius n'a pas tout à-fait la seconde entière : la moyenne proportionnelle est alors cent cinquante : ainsi le corps céleste, qui devient l'objet de nos recherches, doit avoir un diamètre deux cents cinquante fois plus grand que notre Soleil : ce qui porte à deux mille cinq cents milliards de lieues, le rayon de son système, et à quatre-vingt mille celui de son désert.

Réunissez maintenant à ce nombre, les cinquante milliards du rayon du dernier système, les seize cents de celui de son désert, et les dix-neuf mille huit cents dix, qui désignent la distance de notre globe à l'étoile de Lambert; et le résultat général donne cent trois mille neuf cents soixante milliards, calcul de la plus parfaite harmonie avec ceux de Buffon et d'Huygens rectifiés, sur la théorie de Sirius.

Avec quelqu'avantage que se présentent mes recherches, sur ce que je suis presque tenté d'appeller la métaphysique de l'astronomie, je suis loin cependant d'en dresser les articles en forme de symbole de croyance : je sens, malgré mon attention scrupuleuse, à ne point maitriser les faits, qu'on peut infirmer mes conjectures sur la parallaxe des fixes, évaluer avec plus de précision leurs distances, et trouver en général, dans les formules de la haute géométrie, des données plus heureuses pour la solution de mes problèmes ; mais mes principes sont surs, je marche à la conquête du firmament, avec les drapeaux des Cassini, des Halley et des Newton, et plein de confiance, non en moi, mais dans le génie de mes guides, je ne m'arrêterai que comme Alexandre, où me manquera l'univers.

Arrivé, à ma première campagne, à une distance de plus de cent mille milliards de lieues, arrêtons-nous un moment, et jettons un regard en arrière, pour voir comment la nature a imprimé ses pas générateurs, sur ce théâtre de l'immensité.

Ce n'est pas d'abord un phénomène inutile dans les annales célestes, que de voir une sphère de trois cents cinq mille milliards de lieues de circonférence, qui ne compte que six centres d'activité, autour desquels roulent leurs systèmes.

Il est vrai que ces systèmes relévent bien, par la population immense des corps célestes qui les constituent, la simplicité de la cause qui les fait moúvoir ; le nôtre, le plus faible peut-être de tous ceux qui sont dispersés dans les régions du firmament, peut voir son Soleil, embrasser dans son empire, sept cent mille planètes du premier ou du second ordre et dix-sept millions de comètes.

Le système de l'étoile d'Huygens, qui semble le suivre immédiatement, est probablement, comme nous l'avons vû, double du nôtre : ainsi l'analogie nous porte à faire graviter autour de cet astre central, quatorze cents mille planètes primitives ou subalternes, et trente-quatre millions de comètes.

Mais un effroyable désert sépare, suivant notre théorie, les deux systèmes : il est composé de deux rayons, dont l'un, plus faible de moitié, est encore de trois cents vingt milliards de lieues : assurément la nature toujours agissante n'a pas laissé un vuide absolu de neuf cents soixante milliards de lieues, entre deux systèmes singulièrement peuplé de corps célestes, dont l'un n'a que vingt et l'autre quarante milliards de lieues de diamètre.

Nous avons été conduits par la série de nos principes, à placer dans cet espace intermédiaire, les grandes comètes à orbites hyperboliques qui voyageant de système en système, ne se courbent peut-être qu'à l'approche du corps central, siège de la monarchie de l'univers.

Mais combien un espace de près, de mille milliards de lieues, peut-il contenir de ces comètes d'un ordre supérieur, qui d'ordinaire se font voir si rarement à notre globe, et dont le retour ne se calculera jamais, parce qu'il échappe à notre chronologie ?

Jamais l'astronomie ne résoudra ce problème avec quelque précision, parce qu'il faudrait, pour déterminer les élémens de ces comètes hyperboliques, vivre l'âge d'une planète, et, qu'insectes éphémères, malgré notre génie et notre curiosité, nous ne nous agitons un jour sur la scène de la nature, que pour mourir le lendemain.

Mais s'il était permis d'admettre quelque vague conjecture, dans une matière aussi inaccessible à notre entendement, il faudrait partir du seul trait de lumière, que cette nuit profonde laisse échapper, pour asseoir notre théorie.

Des comètes, faites pour cotoyer les systèmes, sans s'écarter sensiblement du mouvement rectiligne, doivent n'obéir, pour ainsi dire, qu'à la force tangentielle : car si la force centrale pouvait avoir sur elles quelqu'influence, elle courberait à la longue leur orbite, et les empêcherait, dès leur première révolution, d'atteindre aux limites de l'univers.

Mais pour empêcher un corps céleste de subir quelque perturbation dans son cours, de la part des masses environnantes, il faut l'en séparer par des déserts presqu'inaccessibles à la gravitation : il en est de ces comètes Cosmopolites, comme des dieux des intermondes d'Épicure, qui doivent être seuls pour mériter des autels.

Pour se faire une idée de l'immensité du désert, où règnent les comètes hyperboliques, il faut se rappeller un fait dans l'ordre physique, que nous avons déjà eu occasion de faire valoir : c'est que la gravitation ou la force centrale se propage avec un rapidité huit millions de fois plus grande que la lumière; tandis que cette dernière serait deux ans à parcourir l'espace qui nous sépare du Soleil d'un autre système, la première n'employerait qu'un peu plus de sept secondes à franchir le même intervalle.

Mais il ne faut pas oublier non plus que cette force centrale va en se dégradant, à mesure qu'elle s'égare dans l'immensité de l'espace; ainsi les grands géomètres, comme les Euler, les Lagrange et les Laplace pourraient calculer le point, où elle deviendrait assez insensible, pour ne point altérer les élémens d'un orbite hyperbolique, et ils rapprocheraient d'autant plus l'espace destiné à la route de ces comètes, qu'ils leur donneraient plus de masse, et par conséquent moins de tendance à être troublées par les Soleils des autres systèmes.

En attendant que ces hautes recherches occupent la plume de quelque géomètre célèbre, je vais indiquer le résultat des miennes : résultat auquel je n'attache quelqu'importance, que parce qu'il sera le germe de quelque spéculation sublime qui le fera oublier

Il m'a semblé qu'une comète qui n'obéit presque qu'à la force tangentielle, si on la suppose seulement double de notre Soleil par la masse et par le volume, ne doit point éprouver de perturbation sensible, de la part des centres particuliers des systèmes, pourvu que la ligne hyperbolique qu'elle décrit, soit éloignée en tout sens des limites de leur empire, de dix milliards de lieues, nombre rond, auquel est fixé l'intervalle de notre rayon.

Il y aurait donc dans les neufs cents soixante milliards de lieues, qui séparent notre système Solaire de celui de la première des fixes, de quoi faire mouvoir environ quatre-vingt-seize comètes à hyperboles.

Ajoutons que si l'on jugeait de cet ordre de comètes par celles de notre système, qui s'entrelassent en divers sens, qui divergent au Zenith, au Nadir, et vers tous les points de la sphère, on pourrait, les multiplier peut-être en raison des quarrés des distances : mais comme j'incline à croire que ces astres à révolutions incalculables, ont tous été lancés dans la même direction par la force de projectile, je me contenterai d'en accroître le nombre en raison du quarré des temps : c'est menager singulièrement la faiblesse de l'esprit humain, que de le circonscrire dans les bornes d'une pareille hypothèse ; car ce principe ne portant qu'à neuf mille deux cents seize comètes, la population de notre premier désert, il s'ensuit que si l'astre n'est que quatre-vingt seize mille ans à faire le tour de l'univers, chaque région du désert de dix milliards de lieues, est cinq cents ans avant de voir une de ses comètes.

Si

Si de l'Empire, de la première des fixes, nous entrons dans le système de l'étoile de Lalande, notre surprise redouble avec notre admiration. Ce bel astre ayant quinze fois le diamètre de notre Soleil, l'analogie nous conduit à peupler son système de huit millions cinq cent mille planètes, et de deux cents cinquante-cinq millions de comètes ; pour le désert qui le sépare de la plus voisine des fixes, et qui embrasse cinq mille quatre cents quarante milliards de lieues dans son rayon, il peut être traversé, par 295,936 comètes à hyperboles.

Le système de l'étoile d'Euler, est soumis à la même théorie ; il ne faut compter, dans la sphère d'activité de son système, que sept millions de planètes, et cent soixante et dix millions de comètes ; mais son désert, de huit mille milliards de lieues de rayon, comporte six cent quarante mille des corps célestes, qui semblent n obéir qu'à la force de projectile.

Le système de l'astre de Lambert est trop voisin du précédent, pour qu'il ait une sphère aussi grande d'activité; aussi, d'après les élémens de sa théorie, on ne peut placer, dans son système, que trois millions cinq cents mille planètes, et quatre-vingt-cinq millions de comètes ordinaires; son désert même, ne loge que quatre cents vingt-deux mille quatre cents comètes à hyperboles.

Sirius est de tous les Soleils, dont nous avons calculé les élémens, celui qui donne une plus haute idée du pouvoir générateur de la nature; car, cent soixante et quinze millions de planètes des deux ordres, et quatre mille deux cents cinquante millions de comètes Elliptiques, peuvent circuler dans son système, sans que l'harmonie générale soit intervertie; et 6,743,594 comètes à orbite hyperbolique, peuvent rouler en paix dans l'espace intermédiaire qui sert de limites à son empire.

Maintenant, si on veut rapprocher la population totale des six systêmes Solaires que nous venons de soumetre à notre analyse, nous verrons que dans les cent six mille quatre cents soixante milliards de lieues, qu'on peut compter de l'aphelie de notre globe, aux derniers confins du système de Sirius, les six Soleils exercent leur force centrale sur cent quatre-vingt-seize millions, cent mille planètes, soit du premier ordre, soit subalternes; et sur quatre milliards huit cents onze millions de comètes Elliptiques, tandis que les cinq déserts qui, d'après notre théorie, séparent les systêmes, se voyent traversés, à divers intervalles et à diverses époques, par huit millions cent onze mille cent seize comètes à hyperbole.

Mais puisque chaque étoile est un Soleil, autour duquel gravitent des millions de planètes et de comètes, peut-on se flatter qu'en dressant une table exacte des constellations que nos instrumens peuvent atteindre, on parviendra à se faire une idée de tous les rouages qui entrent dans la machine infinie de l'univers ?

L'antiquité (je parle de celle dont il nous reste quelques monumens historiques) était peu à portée, sans élémens de Cosmogonie et sans Télescope, de faire une énumération exacte des étoiles; aussi n'en comptait-elle que mille vingt-deux dans le Firmament, dont 316 au midi, 360 au nord, et 340 autour de l'Ecliptique.

Lorsque le Télescope nous eût créé un nouveau ciel, nos astronomes mirent encore une grande parcimonie, à peupler de Soleils les déserts du firmament. On peut en juger, en consultant tous les Atlas Célestes, depuis celui que Bayer plaça, il y a un siècle et demi, dans son Uranométrie, jusqu'à celui de Flamstéed, qu'on a publié vers 1730. On voit que tous ces catalogues d é- toiles ont été dressés par des astronomes

pusillanimes, qui, au lieu de voir la nature avec leur génie, ne la voyent qu'avec leurs lunettes.

Ce n'est que de nos jours que l'astronomie a commencé à franchir, à cet égard, l'enceinte des préjugés; et cette révolution datte d'un voyage de l'abbé de la Caille, au Cap de bonne Espérance.

Il s'agissait de déterminer, de cette pointe de l'Afrique, toutes les étoiles visibles qui se rencontrent entre le Pole-Austral et le Tropique du Capricorne: quoique cette partie du ciel ne forme que le tiers de la voûte céleste, l'astronome y compta dix mille étoiles, dont il nous a donné le catalogue.

La théorie des Nébuleuses ajoute encore à l'idée que nous présente cet amas de trente mille systèmes Solaires, roulant dans l'espace avec leur cortège de planètes et de comètes.

On donne le nom de Nébuleuses à de petits intervalles blanchâtres, perdus dans la profondeur des cieux, et qui ressemblent à des vapeurs légères ou à des grouppes de nuages. Le Chanoine de Windsor, Derham, qui les observa en 1732 avec un excellent télescope, reconnut qu'elles étaient aussi éloignées des fixes que les fixes le sont elles-mêmes de notre globe.

Galilée découvrit le premier une Nébuleuse dans la constellation de l'Écrevisse : depuis, le célèbre Halley, en observa six dans d'autres parties du ciel, et on en trouve seize nouvelles dans un catalogue d'Hévélius : assurément le nombre de ces grouppes de nuages d'étoiles n'est pas borné à vingt trois dans le Firmament ; l'espace où ces grands astronomes les cherchèrent est tellement circonscrit dans les Atlas Célestes, qu'à se laisser conduire par la seule analogie, on pourrait, sans se faire soupçonner d'erreur, en porter le nombre jusqu'à vingt-trois mille.

Mais, fidèles à nos principes de circonspection, n'en comptons que deux cents, ce nombre donnera encore une idée assez étendue du nouveau théâtre que la nature offre aux regards du philosophe.

Il est impossible de ne pas considérer les Nébuleuses comme des amas d'étoiles; l'astronome Maraldi qui nous a donné, en 1707, une figure de celle de l'Écrevisse, en compte vingt dans ce grouppe lumineux de nuages; encore a-t-il soin d'observer qu'il ne place que les plus claires sur sa carte; ce ne serait donc point une évaluation arbitraire, que de fixer à cinquante le nombre des étoiles de cette singulière constellation, si au lieu des faibles lunettes de Maraldi, on lui appliquait le télescope d'Herschell. Ce nombre de cinquante multiplié par celui de deux cents, auquel notre prudence a fixé les Nébuleuses, suppose donc, à une distance pent-être de cent mille milliards de lieues au delà de Sirius, dix mille Soleils circulaires, dans l'espace, avec leurs millions de comètes à Ellipse et de planètes.

Il semble que toutes les merveilles astronomiques, sur le nombre prodigieux des fixes est épuisé; mais Herschell, en 1782 et 1785, vient encore de porter au dernier période notre étonnement, en soumettant les étoiles multiples à une nouvelle théorie.

J'entends par étoiles multiples, ces grouppes d'astres de la septième ou huitième grandeur, que leur peu de distance apparente fait croire doubles, triples ou quadruples : Herschell y appliqua des télescopes de sa composition, dont le pouvoir amplifiant grossissait les objets jusqu'à trois mille fois, et il en forma six classes, distribuées à raison des intervalles. La première lui en fournit 97, la seconde 102; la troisième 114, et les trois dernières 132, 137 et 121; on sent combien une attention plus suivie, des voyages, vers des latitudes correspondantes à d'autres points du ciel, et plus de perfection dans les instrumens, ajouteraient à ces 702 grouppes d'étoiles télescopiques que nous devons à la sagacité d'Herschell.

Une dernière considération infiniment importante aggrandit encore la population de la nature dans le firmament. Les trente mille Soleils de l'abbé de la Caille, et les sept cents deux grouppes d'étoiles multiples d'Herschell, ne nous représentent que des astres de la première à la huitième grandeur : or, peut-on supposer que là, où le télescope cesse, la force génératrice de la nature s'anéantit ? L'astronome Lambert a calculé que, de notre système à la voie lactée, on pouvait compter des séries d'étoiles depuis la première jusqu'à la soixante et quinzième grandeur, et cette supputation n'a rien dont s'effraye la raison froide du philosophe.

Cherchons, en partant de cette base, une échelle d'approximation, qui de série en série d'étoiles, nous fasse atteindre jusqu'aux confins de cette voie lactée, ou peut-être commence pour nous un nouvel ordre de corps célestes dans le firmament.

On ne saurait porter à un nombre moindre, qu'à celui de cinquante mille étoiles, l'Atlas Céleste qui doit résulter des découvertes réctifiées des la Caille et des Herschell; mais ce nombre ne désigne qu'une série de huit classes de Soleils; et puisque depuis l'étoile de la neuvième grandeur jusqu'à celle de la soixante et seizième, il y a encore près de huit séries et demi à évaluer, il est évident qu'à ne se servir que de la progression arithmétique vulgaire, il faudrait compter, de notre système à la voie lactée, au moins quatre cents soixante et dix mille étoiles.

Mais ici, l'arithmétique vulgaire est un

blasphème contre la nature; on sent assez que le firmament devant être considéré comme une sphère incommensurable, où les séries des corps célestes qui la peuplent doivent s'accroître, en tout sens, depuis le système central jusqu'aux limites de l'univers, il faudrait peut-être, dans la rigueur géométrique, multiplier chacune d'elles en raison des cubes, ou du moins par une composition particulière avec la faiblesse humaine, en raison du quarré des distances.

Si l'on voulait avoir une idée du nombre d'étoiles qu'offre la multiplication, en raison des cubes, des cinquante mille de la première série, on en trouverait, pour la seconde, cent vingt-cinq mille milliards; la troisième ne s'exprimerait que par un nombre de quarante-trois chiffres, et la quatrième par cent vingt-huit. J'avoue que mon imagination, toute agguerrie qu'elle est, aux calculs qui représentent la nature dans toute sa magnificence, n'ose poursuivre une énumération dont le résultat l'écrase; il est, vers les limites de l'infini, un ordre d'accroissement qu'il est de la sagesse de ne laisser qu'entrevoir.

Voyons si la multiplication, en raison du quarré des distances, est plus faite pour trouver grace auprès de ce vulgaire de penseurs, qui juge par les cinquante ou soixante constellations de ses Planisphères, de la population du firmament.

Les cinquante mille étoiles de la première série, en supposent deux milliards cinq cents millions pour la seconde; la troisième série ne s'exprime déjà que par dix-neuf chiffres; il en faut trente-huit pour la quatrième, soixante et dix-sept pour la cinquième, cent cinquante-cinq pour la sixième; et perdu déjà dans l'abyme de l'infini, je reviens sur mes pas, et n'ose plus initier, dans ma doctrine, que les adeptes, me réservant, comme les prêtres de Memphis, à la tracer aux profanes en hyéroglyphes.

Peut être l'homme, peu versé dans les sciences exactes, a-t il besoin de se faire une idée de ce nombre effroyable, que présente une série qui va au delà de cent cinquante chiffres : je l'invite à lire les calculs, sur la masse de notre globe, constatés par le laborieux Lalande, dans son Astronomie : en supposant la terre d'une matière analogue à l'argile, et dont le pied cube péserait cent quarante livres, le poids du globe entier serait de vingt-cinq chiffres ; et en évaluant tous les grains de sable, chacun d'un vingtième de ligne, dont sa masse entière est formée, le nombre total ne serait composé que de trente-trois.

Au reste, je ne devais pas peut-être, appeller au secours de ma théorie la progression, en raison des cubes, ou même en raison du quarré des distances ; d'abord, parce que mes soixante-quinze classes d'étoiles ne sont qu'une heureuse hypothèse; ensuite, parce que mes calculs supposent une sphère presqu'infinie, dont notre Soleil serait le centre, ce qui renverse toutes les loix connues des Cosmogonies : enfin, parce que l'effroyable quantité de fixes, qui rouleraient alors dans l'espace avec les astres de leurs systèmes, en resserrant les déserts intermédiaires, intervertiraient le cours des grandes comètes à hyperboles.

A force de réfléchir sur ce grand problême, il m'a paru que je pouvais le résoudre d'une manière qui soulagerait l'entendement humain, sans avilir la nature : il suffirait, à cet effet, de déduire chaque terme de la progression, des deux termes qui le précédent; c'est la plus simple et la plus parfaite des séries, que les géomètres nomment récurrentes. Dans cette hypothèse, la série connue de cinquante mille étoiles, étant censée composée des deux nombres ; vingt mille et trente mille, il faut former la première série inconnue des nombres trente mille et cinquante mille, ce qui la porte à quatre-vingt mille ; d'après ce principe, la seconde série inconnue est composée de cent trente mille étoiles ; la troisième de deux cent dix ; la quatrième de trois cents quarante ; la cinquième de cinq cents cinquante ; la sixième de huit cents quatre-vingt-dix ; la septième de quatorze cents quarante, et la dernière de deux millions trois cents trente mille ; on peut, pour la demi-série imparfaite, qui va de la soixante et douzième grandeur, à la soixante seizième, ajouter le nombre de quinze cents quatre-vingt mille ; et la somme totale résultant de toutes ces séries réunies, qui représentent la population en Soleils, depuis le nôtre jusqu'au premier de la voie lactée, sera de sept millions six cent mille étoiles.

Mais d'après les loix connues de l'analogie, chacune de ces sept millions six cents mille étoiles doit circuler autour d'un centre commun, avec les planètes et les comètes qui lui sont subordonnées ; car toute étoile est un Soleil qui sert de centre aux orbites circulaires, ou de foyer aux Ellipses.

Maintenant, si l'on désirait avoir un faible apperçu de la population totale des planètes et des comètes qu'entraîne ce nombre effroyable d'étoiles, il faudrait établir une moyenne proportionnelle entre les nombres qu'ont produits les six systèmes soumis à notre analyse, depuis notre Soleil jusqu'à Sirius; cette moyenne est de 32,685,333 planètes, et de 801,833,333 comètes; ainsi, en multipliant ces nombres par les sept millions six cents mille étoiles déjà calculées, nous trouverons 248,565,330,800,000 planètes du premier ou du second ordre, et 6,093,733,330,800,000 comètes

Elliptiques, depuis les confins de la Voie-Lactée, jusqu'à l'extrémité de notre système Solaire.

Le même résultat porte, à plus de douze mille milliards le nombre des comètes hyperboliques, qui circulent dans les déserts intermédiaires de ces sept millions six cents mille systèmes d'étoiles.

Enfin, s'il fallait juger de l'épouventable distance, qui nous sépare de la Voie Lactée, par ces neuf séries et demie d'étoiles, de grandeur décroissante, depuis la première jusqu'à la soixante et quinzième, on pourrait peut-être adopter, pour la première série, l'intervalle de cent six mille quatre cents soixante milliards de lieues, que nous avons comptées depuis l'aphélie de notre globe jusqu'aux confins du système de Sirius; alors la distance totale cherchée serait d'environ neuf cents cinq mille milliards de lieues.

Quelqu'effrayants que paraissent tous

ces calculs aux imaginations circonscrites, les gens de l'art verront assez que j'en ai moi-même affaibli les résultats, pour n'effaroucher aucune secte philosophique ni aucune religion : ma circonspection a paru, dans la méthode de multiplication que j'ai adoptée pour les séries d'étoiles, depuis la première des fixes jusqu'à la voie lactée ; elle se montre encore, dans ce moment, dans mon évaluation des distances ; au lieu de n'accroître que de huit fois et demi, l'intervalle de notre globe, à Sirius, j'étais autorisé par le suffrage du second Cassini, à l'accroître de douze cents fois ; alors, au lieu de neuf cents cinq mille milliards de lieues, je trouvais le nombre suivant, 127,752,000,000,000,000, qui, comme l'on voit, ne se désigne que par dix-huit chiffres.

Arrivés à la Voie Lactée, nous sommes comme ces voyageurs qui traversant les Alpes Helvétiques pour arriver en Italie, à mesure qu'ils escaladent la chaîne centrale, trouvent toujours derrière, de nouveaux pics inaccessibles, qui prolongent leur route; la Voie Lactée semble, par sa configuration particulière, par une séparation brusque des autres systèmes d'étoiles, une espèce de firmament ajouté à un autre firmament; mais il s'en faut bien, comme nous le verrons bientôt, qu'elle constitue les bornes de l'univers.

La Voie Lactée est cette Zone lumineuse, qui fait le tour du ciel, coupant l'Ecliptique vers les deux Solstices, et s'en écartant d'environ soixante dégrés au Nord et au Midi : on peut la regarder comme un Océan d'étoiles. Herschell, qui partage avec Dominique Cassini la gloire d'avoir été le Colomb du firmament, vient récemment d'en compter cinquante mille dans une seule bande de quinze dégrés de long, sur deux de large; et sûrement il y en a un nombre encore plus grand, qui par leur éloignement incalculable n'ont pu arriver jusqu'à son télescope.

Quoique la Voie Lactée, comme je l'ai fait préssentir, semble un ciel à part, cependant, sa population doit se régir par les loix déjà calculées de notre astronomie; chacune de ses étoiles doit être un Soleil, autour duquel gravitent des millions de comètes et de planètes : en vain, dans cette Zone lumineuse, chacun de ces Soleils paraît-il en contact avec ceux qui l'entourent, ils doivent être séparés par des déserts incalculables, que traversent, à divers intervalles, les grandes comètes à hyperboles; et si le télescope d'Herschell ne les représente que comme fixés sur la surface intérieure d'une voûte sphérique, ils n'en sont pas moins placés par séries, toujours croissantes en nombres, et décroissantes en grandeur, depuis le centre de ce second firmament jusqu'à ses frontières.

Anéanti par l'infinité, soit de la population, soit de la profondeur des cieux, je n'ose ajouter mes calculs sur les mondes de la Voie Lactée, à ceux que je me suis permis sur nos systèmes Solaires les plus voisins, et sur la première région des étoiles; je sens trop que l'entendement humain est trop jeune pour se faire une idée de merveilles qui datient de l'éternité : la nature doit être ici pour nous le Jéhovah des Hébreux, qui se cache derrière un buisson ardent, pour ne pas écraser Moïse du spectacle de sa gloire.

Il me suffira d'annoncer que les étoiles de la Voie Lactée, d'après la seule découverte d'Herschell, doivent se compter dans toute l'étendue de la Zone, par des nombres équivalens à cent mille milliards.

On peut, d'après cette base, en substituant les signes multiplicateurs de l'algèbre, aux chiffres impuissants de l'arithmétique, calculer combien cet Océan incommensurable d'étoiles renferme dans son sein de planètes des deux ordres, et de comètes Elliptiques : quelle est l'étendue des déserts qui séparent chaque système et leur population en comètes à hyperboles.

Quant à la distance de notre globe aux dernières frontières de la Voie Lactée, je n'ose charger ces pages de la série de chiffres qui la représentent d'après mon travail ; mais pour en donner une faible idée, je me contenterai de citer l'auteur justement célèbre des Lettres Cosmologiques, qui place des étoiles de la Voie Lactée à un intervalle cent mille millions de fois plus éloigné que nous ne sommes de notre Soleil ; ce qui produit les dix-neuf chiffres suivans : 3, 476, 168, 000, 000, 000, 000, et justifie jusqu'à un certain point la solution que d'après mes bases, chacun peut donner du problème.

Mais la Voie Lactée elle-même n'est point la dernière province de l'empire de l'univers : il en est d'autres sans doute, cachées dans la profondeur de l'espace, qu'Herschell n'atteindra jamais avec son télescope, et que le génie seul pressent, en se frayant une route avec courage, au travers des deux abîmes de l'infinité et de l'éternité.

Non seulement cette Voie Lactée n'atteint pas aux limites des mondes, mais encore elle me semble à une distance incommensurable de cet océan de feu et de lumière, qui sert de centre commun à tous les Soleils et à leurs systèmes.

Ma plume qui se presse autour d'un objet, qui demanderait plusieurs volumes de développement, se hâte de dénouer un acte du grand drame de la nature; et comme cet ouvrage n'est point un système du monde, je la laisse suivre l'essor rapide de ma pensée. Oui, l'astronomie a droit de placer, dans la profondeur de l'espace, une série nombreuse de Voies Lactées, puisque derrière celle dont les instrumens d'Herschell nous font jouir, on ne découvre point la capitale de l'univers.

Mais l'homme, dont les regards ne se sont jamais élancés au-delà de la petite enceinte de notre système, accusera peut-être ici ma philosophie de charlatanisme: il prendra mon centre universel pour la dent d'or de Siléfie, et désirera, qu'avant de justifier la distance de la capitale des mondes, j'en justifie l'existence.

D'un autre côté le Philosophe, armé d'une métaphysique bien plus dangereuse, trouvera mauvais qu'après avoir laissé soupçonner l'infinité de l'espace, je parle de son centre et de ses limites; il y a, je le sais, une contradiction manifeste dans ces rapprochemens: l'infini n'est point de nature à être circonscrit; c'est la fameuse sphère de Paschal, dont le centre est partout, et la circonférence nulle part: mais enfin cette haute philosophie n'a point encore de grammaire; il faut bien malgré l'absurdité qui en résulte, composer d'idées finies la spéculation de l'infini : il ne suffit pas d'écrire pour satisfaire les penseurs : il faut encore écrire pour se faire entendre.

J'appelle capitale de l'univers, le corps central autour duquel gravitent les mondes, quel que soit le point de l'espace où la métaphysique le place ; et il faut bien que cette capitale existe, pour qu'il y ait une roue principale, dans laquelle toutes les autres s'engrainent ; pour qu'une réaction puissante contienne toutes les actions de l'univers.

Il existe une lueur pâle dans Orion, au travers de laquelle le Théologien Derham croyait voir le Paradis du Christianisme : cette lueur pâle n'est probablement qu'une petite Voie Lactée : les révélations peuvent en faire la métropole des immortels ; mais l'astronomie n'en fera jamais celle de l'univers.

L'idée haute que je me forme de cet immense foyer de feu, est incompatible avec l'amas de petits Soleils qui constitue la lueur pâle d Orion. Qu'on songe un moment à l'effroyable quantité de systèmes auxquels le corps central doit faire équilibre; si des millions de planètes et de comètes circulent autour d'un Soleil, placé au foyer de leur Ellipse, des milliards de milliards de Soleils circulent avec tout le cortége des astres qui leur sont subordonnés, autour de ce centre général : lui seul a assez de puissance pour courber l'orbite des grandes comètes à hyperboles, destinées à voyager dans les déserts intermédiaires des systèmes.

Il me semble, d'après le tableau hardi que je viens de tracer de la population du firmament, que ce corps central, seul en repos, ou du moins sans mouvement de translation, au milieu de l'agitation universelle des mondes, doit avoir assez de masse et de volume pour les empêcher d'obéir à la force tangentielle, qui en les précipitant les uns sur les autres, amènerait la dissolution de la nature et le règne du cahos; et cette masse est peut être incalculable à notre astronomie, encore au berceau. Nous avons vu qu'on pouvait donner deux mille cinq cents milliards de lieues de rayon au système de Sirius, et quand on supposerait le même volume au corps central, avec l'effroyable circonférence qui en résulterait, je doute qu'on pût maintenir encore, dans sa sphère d'activité, tous les corps célestes de l'univers.

D'après une considération aussi philosophique, on peut juger de la distance incommensurable qui nous sépare de la capitale des mondes. Le calcul nous a donné, seulement pour les six premiers systèmes, cent six mille quatre cents soixante milliards de lieues; il en a fallu ensuite ajouter près de huit cents mille milliards pour atteindre à la Voie Lactée: ces deux nombres réunis ne m'ont pas paru former la moitié de la profondeur de cet Océan de Soleils; et au-delà de ses limites, ma raison place encore plusieurs séries de Voies Lactées qui ne cèdent point à cette première en étendue. Quand on a épuisé tous ces résultats qui écrasent notre intelligence, arrivé à ce que la langue stérile des Astronomes appelle le corps central, on n'a encore atteint qu'un rayon de la circonférence de l'univers.

DES ALTÉRATIONS
ET DES VICISSITUDES DES GLOBES CÉLESTES QUI PEUPLENT L'ESPACE.

Ma Cosmogonie repose sur deux loix : la première est hypothétique ; mais, sans elle, il est impossible à l'esprit humain de prendre aucun essor : c'est que la matière élémentaire ne reconnaît de bornes, ni du côté de l'espace, ni du côté de la durée ; la seconde est absolue ; c'est que la matière modifiée, circonscrite par l'espace, a commencé dans le temps, pour finir un jour.

Ce n'est qu'en marchant sur des charbons ardents, empreints peut-être des traces de mes pas, que j'ai posé ma première base : la seconde exige moins que je ménage le préjugé : la loi de l'altération insensible des êtres se concilie, soit avec la raison du sage, soit avec les Cosmogonies religieuses, et la langue que je vais parler est de nature, que l'inquisiteur qui condamna Galilée et l'élève de Newton peuvent également l'entendre.

Je m'arrêterai même d'autant plus volontiers un moment aux phénomènes qui annoncent cette altération graduée des corps célestes et leurs vicissitudes, qu'il en résulte un grand trait de lumière sur la dégradation de notre globe, objet de mes longues recherches; j'aime à puiser dans l'histoire du ciel la source des annales de notre monde primitif.

Quand nous jettons nos regards autour de nous, nous voyons que tout passe par des périodes de croissance, de destruction apparente et de renouvellement: les êtres qui nous entourent ne sont pas, une seconde de tems, les mêmes: ma pensée s'agrandit en développant les élémens de ma

Cosmogonie, et peut-être, quand je la terminerai, partagera-t-elle les ruines de mes organes : tout ce qui est à portée de nous, semble soumis à la baguette d'Armide, et passe par un cercle continuel d'altération, de développement, et de métamorphoses.

Et qu'on ne dise pas que la nature organisée s'altère en petit et se conserve en grand. La grande horloge du firmament n'est pas d'une autre nature que celle qui marque sur son cadran les minutes de notre vie éphémère ; toute la différence qu'il y a, c'est que les ressorts de la première ne se déployant que d'une manière insensible, les générations se passent avant qu'on puisse constater la marche de son aiguille.

Newton a affirmé (et qui oserait douter quand Newton affirme !) que la même quantité de force ne saurait se conserver dans l'espace : il va même jusqu'à penser que l'univers périrait à la longue, si l'ordonnateur des mondes ne prenait soin de tems en tems d'en remonter les ressorts.

Descartes avant lui, embarrassé par la mauvaise physique de son tems, contre laquelle il luttait en vain avec son génie, avait coupé le nœud gordien, qu'il ne pouvait dénouer : Dieu, dit-il, ordonna une fois, et l'univers obéit toujours : ce mot est aussi sublime que celui de Moyse sur la lumière ; mais il est plus à sa place à la tête d'une Génèse qu'au commencement d'une Cosmogonie.

Il est certain que tout s'altère par nuances insensibles depuis le corps central, autour duquel gravitent les systèmes célestes, jusqu'au petit globe, sur lequel nos Philosophes déraisonnent ; mais Descartes aurait cru dégrader la majesté de son Dieu, en faisant émaner de ses décrets la loi de cette altération ; et Newton, peut-être trop circonspect, s'est trop défié de son génie, en n'expliquant pas

pas par des causes secondes le renouvellement de l'univers.

Il est difficile de se dissimuler le grand principe de l'altération successive des corps célestes, quand on réfléchit, dans le silence de la prévention, sur la nature du fluide dans le sein duquel s'opère leur mouvement : je sais que l'Ether, par notre théorie, n'étant ni pesant ni expansif, semble ne tenir que par un fil aux forces centrales et tangentielles : j'ai même annoncé qu'il n'opposait aucune résistance sensible aux astres qui le parcouraient dans toutes sortes de directions ; mais tous les correctifs avec lesquels j'ai exposé cette haute spéculation, annoncent assez qu'il ne s'agit point ici de précision mathématique ; la durée des êtres étant proportionnelle à leur volume et à leur influence dans le firmament, il est tout simple qu'un astre tel que Sirius, Aldebaran ou notre Soleil, n'éprouve point un changement visible, par rapport à des observateurs éphémères, tels que les Astronomes de notre globe ; mais ce changement existe : il est nul pour des hommes qui observent aujourd'hui pour mourir demain ; mais il a des périodes bien marqués aux yeux de la nature.

Oui, quand il ne s'agit que de ces faibles intervalles de notre chronologie qui se calculent à peine par des myriades de siècles, reconnaissons que la résistance de l'Ether est à peu près nulle ; mais quand nous parlerons de l'âge des soleils, incalculable à notre astronomie, ne nous dissimulons pas que le déplacement de molécules, qui tiendraient même par leur ténuité à l'organisation élémentaire, suffit pour opérer à la longue, non la catastrophe, mais le renouvellement de l'univers.

L'effet de cette résistance inappréciable de l'Ether, quand on veut l'observer avec l'entendement et non la calculer avec les formules mathématiques, c'est d'altérer à à la longue les élémens de l'Ellipse des planètes ; c'est-à-dire, leur moyenne distance au Soleil, leur excentricité, ainsi que la position de leur Aphélie, de diminuer l'orbite des comètes ordinaires, et de rapprocher, après des milliards de milliards de siècles, du foyer du corps central, les comètes à hyperboles.

Il ne faut point opposer à cette théorie l'accord des la Grange, des Euler, et des la Place, sur l'uniformité des moyens mouvemens célestes, et la stabilité de notre système planétaire : ces Astronomes célèbres ont pris un autre point de vue que nous, pour dessiner les grands ouvrages de la nature : ils ont combiné quelques calculs individuels d'Hypparque, de Ptolémée et de Copernic, et nous avons pressenti les variations des corps célestes, entre les époques où ils s'organisent, et celles où ils se renouvellent : ils ont lié entre eux les phénomènes de quelques siècles, et nous avons tenté de placer quelques fanaux dans la nuit profonde de l'éternité.

Encore échape-t-il quelquefois aux partisans de l'immutabilité du firmament, des aveux qui réconcilient leur opinion avec notre doctrine : c'est ainsi qu'un des meilleurs Géomètres de notre Académie, après avoir dit que notre système Solaire ne fait qu'osciller autour d'un état moyen, dont il ne s'écarte jamais que d'une très-petite quantité, avoue que cette règle ne s'applique qu'à des planètes qui circulent toutes dans le même sens, et qu'elle est en défaut, quand des astres se meuvent suivant différentes directions. On voit assez qu'ici la loi ne regarde qu'un point de l'espace, et que l'exception embrasse l'univers; car nous n'avons aucune preuve que les planètes des autres systèmes Solaires circulent autour de leur centre dans le même sens, et le contraire est démontré par rap_ port aux comètes Elliptiques et aux comètes à hyperboles.

Au reste, notre système lui-même est loin d'avoir une immobilité que la nature a refusée aux systèmes dominateurs du firmament : on peut en juger par la foule d'observations recueillies par nos Astronomes sur les inégalités séculaires de nos planètes.

Pour entendre cette expression adoptée depuis peu dans la Grammaire des Cassini et des Halley, il faut se figurer les planètes agissant et réagissant les unes sur les autres, en vertu de leur force centrale, répartie en raison directe des masses, et en raison inverse du quarré des distances, parmi tous les corps célestes du firmament : quand la perturbation est légère, l'inégalité produite par les rencontres, se rétablit d'elle-même; mais il en est de beaucoup plus considérables, qui altèrent les élémens des orbites à chaque révolution;

comme on ne peut s'en appercevoir que quand les siécles les ont accumulées, on leur a donné le nom d'inégalités ou d'équations séculaires; et quoique cette branche de l'astronomie ne fasse encore que de naître, nous sommes déjà parvenus à la soumettre au calcul; nous pouvons annoncer de combien de degrés le mouvement de Saturne se ralentit, et celui de Jupiter s'accélère, comme d'après les tables de Clairault et de Halley, nous pouvons prédire le retour des comètes.

Portons nos premiers regards sur la terre. Quoique le genre humain, tout jeune qu'il est dans les arts, vieillisse avant de voir graduer l'altération des grands corps célestes du firmament, cependant il a pu s'appercevoir de celle du globe qu'il habite; et cette doctrine n'est point étrangère aux corps littéraires de l'Europe; lorsque notre Académie des Sciences en fit le sujet du prix qu'elle proposa en

1760, le fils du célèbre Léonard Euler, qui le remporta, prouva aisément que la seule comète de 1759, avait pu, par son influence sur la terre, allonger la durée de notre année : le laborieux Lalande a démontré depuis, que la seule attraction des planètes de notre système était la cause du déplacement de l'écliptique et de la diminution de son obliquité ; et en général tout ce qu'il y a d'hommes éclairés, parmi les sociétés pensantes de la France, de l'Allemagne et de l'Angleterre, reconnaît aujourd'hui que l'action des corps célestes a changé à la longue les élémens de l'Ellipse que notre globe décrit autour du Soleil.

La Lune, notre Satellite, a aussi une équation séculaire ; il est prouvé aujourd'hui que son mouvement s'est accéléré, depuis les observations faites sous le beau ciel de la Chaldée, par les Astronomes antérieurs à la fondation de Babylone : cette inégalité a pour base l'action du Soleil sur cette planète subalterne, combinée avec la variation de l'excentricité de l'orbite de notre globe : elle est parvenue maintenant à un tel période, que, suivant un des grands Géomètres de notre Académie, ce n'est qu'en accumulant les unes sur les autres, les myriades de siècles, qu'elle pourrait se rétablir.

Mercure, Mars, Vénus et Herschell, n'offrent pas des masses assez puissantes dans notre système, pour qu'on puisse soumettre au calcul leurs inégalités ; il n'en est pas de même de Jupiter et de Saturne ; ces globes énormes sur lesquels le Soleil a beaucoup moins d'influence que sur nous, à cause de son prodigieux éloignement, se rencontrant tous les vingt ans à une certaine proximité, éprouvent, par leur gravitation réciproque, des perturbations périodiques qui altèrent d'une manière très-sensible leur mouvement ; ils sont l'un pour l'autre ce que seraient deux comètes qui se rencontreraient dans les déserts de l'espace : il n'y a que la rapidité de leur course au point du contact de leurs atmosphères, qui puisse empêcher l'astre le plus puissant de faire de l'autre sa conquête.

L'Historien de l'Académie des Sciences de Paris, en analysant en 1741, les découvertes de l'Abbé de la Caille, sur les masses perturbatrices, disait lui-même en propres termes : « Il paraît, par les obser-
« vations modernes comparées avec celles
» des anciens, depuis environ deux mille
« ans, que le mouvement de Saturne est
« sensiblement ralenti, tandis que celui de
« Jupiter s'est accéléré.

On a tenté de découvrir par la théorie, quelle serait la somme de l'accélération de Jupiter, dans un intervalle de 877 ans, et on l'a trouvée de vingt minutes.

Quant à Saturne, on sait par des observations suivies depuis 1686 jusqu'en 1760, que par la diminution de son moyen mouvement, il y a une différence de plus d'une semaine, dans la révolution de cette planète autour du Soleil.

Toutes ces altérations déjà pressenties le siècle dernier, par le génie observateur des Kepler, des Hévélius et des Flamstéed, ont été portées dans le notre au dernier période d'évidence; il résulte du concours des lumières de nos plus grands Astronomes, que les perturbations qui altèrent les orbites de Saturne et de Jupiter, ont un effet constant que la succession des siècles rend de plus en plus sensible. Le seul Jacques Cassini a eu sur ce sujet, une opinion qui n'est qu'à lui ; il a prétendu que le rallentissement d'une des planètes et l'accélération de l'autre, tenaient à une certaine position respective des orbites; et que comme cette position changeait par la progression continuelle des absides, l'accumulation des siècles amènerait le changement respectif des phénomènes; que Jupiter cesserait de s'accélérer pour se rallentir et que Saturne cesserait de se rallentir pour s'accélérer : ce paradoxe rappelle la rêverie brillante de Platon, que quand la nature aurait épuisé pour les êtres organisés, la faculté de les faire naître jeunes pour les faire mourir vieux, elle les créerait dans la décrépitude, pour leur faire achever leur carrière dans l'adolescence. Il faut admirer également l'imagination de Jacques Cassini et celle du Disciple de Socrate et attendre en paix qu'ils s'éveillent.

Plus un corps céleste a d'excentricité, et plus son orbite est sujet à s'altérer : c'est une suite de ces belles loix avec lesquelles Newton a régi l'univers. Or aucun des astres connus de notre système, n'approche de l'excentricité des comètes; comme elles marchent avec une rapidité presqu'incalculable à leur approche du Soleil, et avec une lenteur presqu'infinie, à l'intervalle le plus éloigné de leur parabole, il n'est pas étonnant que dans les régions lointaines, où notre télescope même ne peut les atteindre, si elles se rencontrent, comme leur nombre prodigieux ne permet pas d'en douter, elles n'altèrent sensiblement les élémens de leurs orbites, et n'allongent ou ne diminuent l'intervalle de leurs révolutions. Ces altérations qui semblent contredire l'ordre de la nature, ne font que lui rendre un nouvel hommage, parce qu'elles s'exécutent en vertu de cette loi éternelle de la gravitation qui gouverne l'univers.

Non seulement les comètes de notre système s'altèrent entre elles par les perturbations réciproques qu'elles éprouvent, mais encore l'approche des grosses planètes, telles que Jupiter et Saturne, influent sur la durée de leur révolution : il y en a un exemple, digne des fastes de l'astronomie, dans la comète de 1770, que Paris a vue, avant et après son passage au Périhelie. Plusieurs grands Astronomes, tels que notre infatigable Messier, le savant Suédois Prosperin, et le célèbre Lexell, Géomètre de Pétersbourg, s'appliquèrent à calculer les élémens de sa parabole : tout le monde s'accorda à lui donner une période de cinq ans et demi pour sa révolution ; cependant cet astre, destiné à être sans cesse en présence de ces illustres observateurs, puisqu'il s'approche quelquefois de notre globe, de sept cents cinquante mille lieues, et que jamais il ne s'en éloigne plus que Jupiter, cet astre, dis-je, n'a jamais été vû qu'à l'époque de sa première apparition. Ce phénomène, si étrange aux yeux des partisans de l'immutabilité des cieux, s'explique aisément avec la théorie des vicissitudes des corps célestes : on a vérifié que dès 1767, la comète étant dans son Aphélie, s'était trouvée cinquante fois plus proche de Jupiter que du Soleil ; ce qui lui avait fait éprouver une influence trois fois plus grande de la part de la planète, que de celle de l'astre dominateur du système. Le 23 Août 1779, les mêmes spéculations annoncèrent que la comète infiniment plus voisine encore de l'orbe planétaire, s'y était trouvée enchaînée par une force vingt-quatre fois supérieure à celle du Soleil. On sent assez qu'une masse comme celle de Jupiter, qui gravite avec autant d'énergie sur une comète vagabonde, doit maitriser tous ses mouvemens; et que si elle ne réussit pas à en faire un Satellite, du moins elle doit circonscrire sa route dans l'espace, ou ne nous la renvoyer, qu'après lui avoir fait subir une métamorphose qui nous empêche de la reconnaître.

La preuve la plus éclatante des variations que les comètes subissent dans leurs orbites, à l'approche des planètes, se trouve dans l'histoire de celle de 1682, qui a fait la gloire de Clairaut : on connaissait sa période de 75 à 76 ans, et avant son retour en 1759, l'illustre Géomètre prédit qu'il serait retardé de six cents onze jours, dont il en faudrait attribuer cent à la perturbation que l'astre éprouverait de Saturne, et cinq cents onze à celle que lui ferait subir Jupiter : il ne se trompa que de vingt-deux jours, et vû les méthodes d'approximation qu'il avait été obligé d'admettre, une erreur si faible doit être regardée comme le triomphe de l'astronomie.

Eh ! comment les planètes et les comètes seraient-elles immuables, puisque le Soleil même, source éternelle de leur lumière, ne l'est pas ! Newton pensait que le feu de cet astre tendait sans cesse à s'épuiser, et certainement son mouvement se rallentit : Plutarque, l'oracle des Sages, et qu'on ne devrait pas s'attendre à trouver celui des Astronomes, nous a conservé sur cet affaiblissement une tradition de la plus haute antiquité, que nous avons vue justifiée en pleine Académie, par un de nos meilleurs Géomètres; car il résulte de son travail, que l'équation du Soleil est de dix-neuf secondes par siècle.

À mesure que nous nous éloignons de notre système Solaire, on doit s'attendre que les preuves de l'altération et des vicissitudes des corps célestes perdront de leur force ; cependant j'aurai le courage de poursuivre de branche en branche l'échelle des probabilités, jusqu'à ce que le dernier échelon m'échappe tout-à-fait ; il est beau à un être qui n'occupe qu'un point dans l'espace, de poser des bornes dans la carrière de l'infini; et à celui qui ne vit pas un siècle, de calculer des périodes de dégradation dans le firmament, qui ne peuvent s'accomplir qu'avec l'aide de l'éternité.

Les Astronomes les plus laborieux qui, comme le grand Cassini, se sont fait une seconde

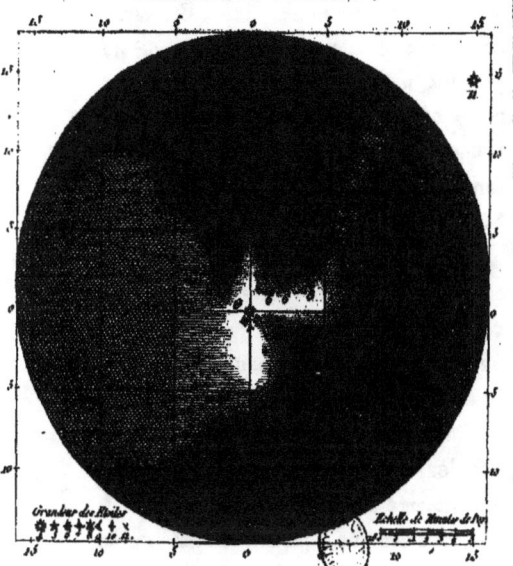

seconde patrie dans le firmament, ont reconnu, parmi les étoiles fixes, des variations en longitude et en latitude, qui ne peuvent naître que des attractions des corps célestes qui les environnent : ces phénomènes se font remarquer sur-tout dans la *Luisante de l'Aigle* et dans *Aldébaran*.

La belle étoile d'Arcturus, d'après les calculs des le Monnier et des La Lande, ne cesse depuis un siècle d'avancer vers le Midi, et ce déplacement peut s'évaluer par an à quatre-vingt millions de lieues.

L'ingénieux Mairan a reconnu que la Nébuleuse d'Orion avait changé de forme et augmenté de densité.

Sirius lui-même, qui aujourd'hui semble par son éclat l'astre dominateur du firmament, a éprouvé du moins des vicissitudes de couleur. Aratus, Sénèque et Ptolemée s'accordent à dire qu'on le voyait très-rouge dans la haute antiquité.

Cette haute antiquité avait sans doute rassemblé bien des monumens sur l'état du ciel, comparé à différens âges; mais les révolutions physiques du globe ont presque tout anéanti : nous nous traînons péniblement de ruines en ruines, pour en découvrir quelques faibles vestiges, la philosophie n'ayant guères d'autre espoir que de se voir ou un peu plus près, ou un peu plus loin de cette vérité, qu'elle ne pourra jamais atteindre.

Les étoiles changeantes découvertes çà et là dans les constellations qui sont à portée de notre télescope, ajoutent un nouveau chapitre à notre théorie des vicissitudes du firmament.

Jacques Cassini, parle de diverses étoiles dans le Serpentaire, dont la grandeur apparente a varié; il en a vu une dans le bassin oriental de la Balance, qui n'était plus que de la cinquième grandeur, quoiqu'elle fût marquée de la quatrième dans le catalogue de Tycho-Brahé.

Je ne sais s'il faudrait mettre dans le même rang, une étoile Algol qu'on voit, à la tête de Méduse, et qui originairement de la seconde grandeur, devient de la quatrième, toutes les soixante-neuf heures : il me semble que puisque la vicissitude est périodique, elle n'est qu'apparente ; ce passage de la seconde à la quatrième grandeur, vient probablement de ce que la rotation infiniment rapide de l'astre sur son axe, lui donnant à peu près la forme d'une lentille, elle nous présente tantôt le tranchant de son disque, tantôt le disque tout entier. Le firmament offre assez de phénomènes singuliers à notre crédulité, sans que l'imagination aille encore agrandir le champ de ses merveilles.

Une étoile, dont les vicissitudes sont vraiment à l'abri du scepticisme, est la Changeante de la Baleine, qui a exercé tour à tour la patience des Maraldi, des Cassini et des Hévélius ; il semble en parcourant son histoire, qu'on lise un chapitre des révolutions Romaines, ou les annales des monarchies mobiles de l'Orient.

La Changeante de la Baleine, découverte par Fabricius en 1596, passe par les périodes les plus bizarres de révolution et de clarté : son cours, assez uniforme depuis 1687 jufqu'en 1710, était d'un peu moins d'onze mois ; mais depuis cette dernière époque, il diminua par degrés ; il n'y a rien de plus inégal que le tems de ses apparitions ; car tantôt elle est visible trois mois, et tantôt quatre mois et demi : elle arrive, en quinze ou vingt jours, à son plus haut période de grandeur et de clarté ; et après une espèce de Solstice, elle en met trente ou quarante à s'affaiblir ; enfin, ce qui confond toutes les idées astronomiques, c'est qu'elle est des intervalles assez longs sans reparaître : personne, au rapport d'Hévélius, ne l'a apperçue dans le firmament, les quatre années qui se sont écoulées depuis 1672 jusqu'en 1676; et en 1680, à l'époque où l'Europe l'attendait, elle a échappé à tous les télescopes.

Ce Soleil de la Baleine serait-il à demi éteint, et présenterait-il aux regards de l'observateur tantôt une face obscure et tantôt une face lumineuse ? ou bien la force de projectile qui l'a lancé dans son orbite, l'aurait-elle frappé assez loin de son centre de rotation pour le faire tourner sur son axe de la manière la plus inégale ? ou enfin serait il assez voisin des comètes à hyperboles qui parcourent ses déserts, pour que ces masses ardentes changeassent de tems en tems les élémens de ses révolutions ? quelle que soit l'hypothèse qu'on adopte, il faudra toujours en revenir à notre grand principe, que sur le théâtre de la nature la mobilité est essentiellement dans les effets et l'immutabilité dans la cause.

L'astronomie n'a pas attendu an siècle des Galilée et des Newton, à reconnaître que le ciel n'était toujours le même que pour le vulgaire des observateurs : on savait par une tradition orale et par une tradition écrite, dans le bel âge de Périclès, que la septième des Pleyades n'avait paru dans le firmament qu'après l'embrasement de Troye; ce fut une nouvelle étoile, apperçue cent vingt-cinq ans avant l'ère vulgaire, qui engagea Hypparque à dresser son fameux catalogue d'étoiles.

Depuis, les Savans, quand le livre du ciel n'a pas été pour eux un livre fermé, y ont lu l'histoire de nouvelles révolutions; ce sont eux qui nous ont appris qu'en 389, il parut une nouvelle étoile près de l'Aigle, qui, après avoir été pendant vingt-un jours la rivale de Vénus en éclat, finit par s'anéantir totalement dans l'immensité de l'espace.

La plus fameuse de toutes les étoiles

nouvelles est sans contredit celle de 1572, qui a exercé les yeux et la plume de Tycho brahé : cet homme célèbre la découvrit dans la constellation de Cassiopée, où elle effaçait Sirius en grandeur et en clarté : trois mois après elle était plus petite que Jupiter : elle passa ensuite graduellement par tous les périodes de grandeur depuis la première jusqu'à la sixième : sa couleur dans l'intervalle avait subi les mêmes vicissitudes ; d'abord d'un blanc éclatant, elle était devenue d'un jaune rougeâtre, et après, d'un blanc terne et plombé : quand elle n'eut plus rien à perdre, elle disparut. Son règne, dans le firmament, avait été de seize mois.

Au reste, quand nous disons dans notre langue stérile, qu'une étoile paraît pour la première fois dans le ciel, et qu'elle s'anéantit, il ne faut pas attacher une précision philosophique à ces expressions : ce n'est pas, durant la vie d'êtres éphémères tels que nous, que des Soleils qui semblent contemporains de l'éternité, passent par les deux périodes de la naissance et de la décrépitude : il est probable que ces astres nouveaux pour nous sont des comètes à hyperboles, qui voyagent de déserts en déserts, et qu'on ne voit qu'à l'approche de notre système : leur changement de couleur peut être l'effet de la pression inégale qu'exercent sur elles les corps célestes qui les approchent ; mais de quelque manière qu'on conçoive ce phénomène, il en résulte toujours que tout est altération et vicissitude dans le firmament, comme sur notre globe, autour de nous et sur le grand théâtre de la nature.

PREMIÈRES IDÉES
SUR L'ORGANISATION DES MONDES.

CONSIDÉRATIONS SUR LES TACHES DES SOLEILS.

J'ai jetté quelques idées hardies, mais peut-être vraies, sur les élémens des êtres ; j'ai rendu à la nature son antique majesté, en peuplant de milliards de milliards de corps célestes un espace infini comme elle : j'ai enfin prouvé que la matière modifiée passait sans s'anéantir par tous les degrés de développement et de métamorphoses. Ainsi toute cette poussière de préjugés populaires et philosophiques, qui nous empêchait de voir le sanctuaire de la vérité a disparu.

Poursuivons notre carrière avec le courage qui nous y a fait entrer ; que les idées qui découleront essentiellement de notre théorie, ne nous paraissent pas suspectes, parce qu'elles sont nouvelles ; en un mot, le lit du fleuve est creusé ; perçons la faible digue qui le retient encore, pour que ses eaux captives s'y précipitent.

L'organisation des mondes doit dériver d'une force unique qui se modifie, soit d'après la masse des corps célestes projettés dans l'espace, soit d'après leur distance du projectile, et cette force perd de son intensité, en raison de l'éloignement du premier âge de la nature.

Cette force doit être unique, parce que l'unité est le grand attribut des premières causes : la nature simple dans ses plans, et magnifique dans ses effets, peut multiplier les contrepoids pour conserver l'univers déjà organisé ; mais certainement elle n'a besoin que d'un ressort, quand elle l'organise.

La force, à laquelle on doit l'origine des mondes, doit se modifier en raison de leurs masses, car une planète qui gravite obscurément autour du centre de son systéme, ne saurait avoir autant d'élément principe, que le corps central qui l'entraîne dans sa sphère d'activité : Mercure ou Herschell doit être moins imprégné de feu que le Soleil, et le Soleil moins que Sirius ou Aldébaran.

La distance de l'astre projetté à son projectile, influe aussi sur son énergie élémentaire : il est tout simple que plus un astre est voisin du foyer de feu dont il émane, plus il conserve long-tems son ressort originel : c'est ainsi que l'étoile la plus reculée de la dernière Voie Lactée doit avoir une vie plus longue qu'Orion, et Orion plus que le petit Soleil de notre système.

Il suit de la même loi que plus le feu principe s'éloigne de sa source, moins il doit dominer dans les astres qu'il organise : ainsi la Lune, si elle est née de notre globe, ne peut en avoir la durée : notre globe, s'il dérive du Soleil, ne partagera jamais sa longue carrière ; notre Soleil, s'il a été projetté dans l'espace par l'astre central, sera dans sa décrépitude, quand celui-ci commencera à peine son adolescence.

Enfin, j'ai dit que la force qui a organisé les mondes, a dû perdre de son intensité, en raison de l'éloignement du premier age de la nature ; et c'est encore un résultat de notre physique élémentaire : il est évident que puisque tout fut homogène dans l'origine, et qu'aujourd'hui tout est hétérogéne, il faut bien que le ressort de l'organisation des corps célestes s'affaiblisse, à mesure qu'il s'éloigne de son principe ; une des grandes étoiles de la Voie Lactée, lancée à une période de tems incalculable du sein du corps central, a sans doute une vie plus active qu'une de ces fixes nées des myriades de siècles après, qui avoisine notre système, et cette force a dû voir produire et verra s'anéantir notre Soleil, né d'hier dans l'immensité du firmament.

Une autre loi, sans laquelle il n'existe point de Cosmogonie, c'est que le pouvoir générateur de la nature ne se repose jamais ; il n'y a point pour elle d'ouvrage des six jours : une force qui ne se serait exercée qu'une fois n'est point une force : ou la nature organise sans cesse des mondes, ou elle n'a jamais rien organisé.

Et si l'incrédulité, (car il y a une incrédulité philosophique, comme une incrédulité religieuse), demandait la preuve de cette série perpétuelle, non de créations, mais de développemens, je me servirais pour lui répondre, et d'une théorie qui parle à la raison, et des faits qui ne parlent qu'à la mémoire.

D'abord, puisqu'il y a des milliards de milliards de Soleils dans l'espace, variant entre eux par la grandeur, par la durée de la vie, et par la distance du corps central, il est plus que vraisemblable qu'ils ont été projettés par la force génératrice à divers intervales.

Mais cette force, ainsi que je l'ai déjà fait pressentir en suivant ma première loi dans tous ses développemens, doit aller en s'affaiblissant, depuis le centre du firmament, jusqu'au dernier point de sa circonférence, où elle doit être tout-à-fait nulle; or si, comme nous l'indique l'intervale incalculable qui nous sépare de l'astre central, notre système est voisin de l'extrémité du rayon, il n'est pas étonnant que touchant pour ainsi dire aux limites de l'espace, nous ne connaissions du pouvoir générateur de la nature, que ce qu'il en faut à une raison éclairée pour n'en pas nier l'existence.

A cet égard, un fait majeur dans les annales de l'astronomie, vient confirmer cette haute spéculation. Je veux parler de ces corps immenses, projettés sans cesse du foyer ardent des astres lumineux par eux-mêmes, et que nous connaissons dans notre système sous le nom vulgaire de taches du Soleil.

La théorie des taches n'a jamais été embrassée d'une vue générale : on s'est arrêté à une infinité d'observations particlles, sans les lier ensemble par une chaîne qui tienne à l'organisation des mondes; et cependant, dans la disette où nous sommes de faits qui fassent époque, celui-ci peut être considéré comme une des clefs de la Cosmogonie.

Les taches, (puisque nous sommes contraints d'adopter un mot aussi ignoble, et aussi peu fait pour caractériser la nature déployant son énergie), les taches, dis je, sont ces masses d'une forme mobile et irrégulière que les astres, imprégnés encore du feu principe, lancent, en vertu des loix du mouvement, à divers points de leur surface, et qui cédant peu à peu à l'action de l'élément qui les atténue, finissent par retomber dans le foyer d'où elles émanent. On voit par cette définition l'absurdité de la grammaire astronomique, qui confond sous le même nom les petites aspérités obscures et permanentes, que le télescope découvre dans une planète éteinte comme la Lune, et les espèces de satellites éphémères, que projète la force tangentielle sur la surface des Soleils.

Un corps céleste qui n'est point essentiellement lumineux, ne possédant point cette fluidité qui lui permet de rejetter de son sein une matière hétérogène, ne saurait aspirer au privilége d'avoir des taches.

Ainsi, les apparences diverses du disque de la Lune, qui ne dérivent que des phases de la planète et de l'obliquité de l'ombre du Soleil, sont du ressort de l'optique, plutôt que de la haute astronomie. Ce volcan, qu'y a vu Herschell, cette ouverture de cent lieues de long que Dom Ulloa a cru y reconnaître, ne tiennent par aucun fil aux élémens de la Cosmogonie.

J'incline à croire que Mercure, malgré sa proximité du Soleil, n'a point de vraies taches :

taches ; on peut expliquer, par des raisons physiques, tirées de la densité de notre atmosphère, l'affaiblissement instantané de son éclat, observé par La Hire au commencement de ce siècle. Comme cette planète n'a en grosseur que le quinzième de notre globe, il y a trop long temps que son feu élémentaire s'est dissipé, pour qu'il lui reste une force de projectile capable de lancer des corps solides dans son atmosphère.

Il est reconnu aujourd'hui que les prétendues taches de Vénus, observées de Rome par les Cassini et les Bianchini, ne sont que les éminences de ses prodigieuses chaînes de montagnes. Nos Astronomes sont même tentés de penser que l'éclat de la planète dépend en grande partie de ces apparences ; car plus on multiplie les aspérités des astres secondaires, plus on multiplie les surfaces qui réfléchissent la lumière.

Saturne n'a point de taches proprement dites : les bandes vues sur son disque sont permanentes, ainsi que les points brillans de son anneau, qu'on est tenté de prendre pour des étoiles télescopiques : les nébulosités de son cinquième Satellite, qui tantôt diminuent sa grandeur, et tantôt la font disparaître, annoncent par leur retour périodique leur adhérence au corps de la planète secondaire : tout démontre donc que Saturne et les astres qu'il entraîne dans sa sphère d'activité, sont dans un état d'inertie, qui enchaîne à jamais leur force tangentielle ; ils peuvent avoir assez de principes de vie pour entretenir la nature organisée, mais non pour projetter de leur sein les germes de nouveaux mondes.

Quoique la planète d'Herschell ne soit connue que d'hier, cependant la lenteur de sa révolution, son éloignement de plus de six cents cinquante-cinq millions de lieues, du centre de son système, me font conjecturer que son feu principe, éteint depuis long-tems, ne la distingue pas, quant à la force du projectile, de Saturne et de Vénus.

Les taches de Mars, d'une autre nature que celles des cinq planètes, que nous venons de soumettre à l'analyse, méritent un peu plus l'attention du Philosophe, qui ne lit que dans le livre de la nature, les premières pages de sa Cosmogonie.

L'Astronome Maraldi trouva en 1719, l'occasion la plus heureuse d'appliquer à cette planète son talent et son télescope. Elle était alors à la fois en opposition avec le Soleil et dans son Périhélie, et cet aspect, qui amène sa plus grande proximité avec notre globe, n'arrive qu'après une période de trente-deux ans. L'ingénieux Académicien, pendant six mois entiers d'observations, eut le tems de se faire une théorie nouvelle des taches de Mars: il apperçut une Zône obscure, de la forme des bandes de Jupiter, qui occupait près de la moitié de son hémisphère. Non loin de là, se montraient éparses sur le disque, des nébulosités lumineuses, qui passaient par diverses périodes d'affaiblissement de clarté. Il vérifia qu'une de ces taches subsistait depuis soixante ans, quoiqu'avec quelques nuances différentes de lumière et de volume; mais c'était la seule : toutes les autres changeaint de figure, de position, et finissaient ensuite par disparaître.

De pareilles taches ne pouvaient être de simples apparences, comme les montagnes de Vénus ou les volcans de la Lune; aussi Maraldi, qui ne tenait à aucun système, ne dissimula pas qu'il fallait les attribuer à de grandes convulsions du globe, qui déchiraient à la fois sa surface, à son équateur et vers ses poles; idée également simple et lumineuse, qu'il faut bien se garder de traiter de songe philosophique, au rapport de Fontenelle, le plus sage des Historiens de l'Académie.

Maraldi était, ce me semble, sur la voie de la vérité ; il n'avait plus qu'un pas à faire pour arriver au principe : que Mars pouvait être un Soleil à demi éteint, qui projettait encore, sur la surface de son disque, les scories nées de sa conflagration primitive : la Zone obscure de la planète, ses nébulosités variables en grandeur et en éclat, l'anéantissement de ses taches, étaient des résultats naturels de cette hypothèse. Il est vrai qu'à cette époque, où il était plus prudent à l'Astronome de croire, que d'observer, on pouvait mettre en opposition la théorie des demi soleils, avec la Cosmogonie du Pentateuque, et Maraldi n'osa pas risquer son orthodoxie, contre la connaissance d'une vérité qu'il y avait du danger même à entrevoir.

Ce mot même de Soleil à demi éteint, qui m'est échappé, ne doit pas être pris dans une acception rigoureuse, jusqu'à ce que la série de mes idées m'ait permis de

développer cette partie de mon hypothèse;
je ne tarderai pas à remplir à cet égard l'attente des Physiciens : en attendant, obligé de créer jusqu'à la Grammaire de ma Cosmogonie, je ne demande à mes lecteurs que ce scepticisme de Montagne, sans lequel la raison humaine n'est qu'une longue erreur.

Pour voir des taches, qui ne sont pas des illusions d'optique, des taches qui, comme dans Mars, annoncent un astre lumineux à demi éteint, il faut suivre le hardi Galilée à la planète de Jupiter.

Ce ne fut pas un faible sujet d'étonnement, pour cette victime infortunée de la Propagande, la première fois qu'elle dirigea vers Jupiter un instrument astronomique, qu'elle avait créé, de voir son disque partagé par des bandes obscures et presque parallèles, qui donnent à sa surface l'apparence de la robe variée du zèbre ou du tigre royal : cette surprise aurait sans doute augmenté, si le savant Physicien avait pu suivre dans tous ses développemens le phénomène de ces ceintures de la planète : en effet, depuis cette époque jusqu'à nos jours, rien n'a paru plus inconstant que les Zônes de Jupiter : tantôt on en a vu huit, tantôt cinq, le plus souvent trois, et dans des occasions rares, une seule s'est présentée au télescope. Ces destructions et ces renouvellemens des bandes entières n'empêchent pas leurs révolutions partielles : tantôt elles se retrécissent, tantôt elles s'élargissent : on les voit alternativement s'interrompre et se réunir : le grand Cassini a vu dans l'une des points brillans comme dans le Soleil : il a observé jusque dans les interstices qui les séparent, des espèces d'isles qui après avoir été quelque tems séparées des bandes, finissaient par devenir des péninsules. Les débordemens de feu semblent continuels sur la surface immense de ce globe : c'est l'image vivante du combat des élémens dans le cahos d'Hésiode.

Outre ces Zônes, il y a dans Jupiter des taches mobiles comme dans Mars : le même Astronome en observa une constamment pendant trois ans : elle fit deux mille cinq cents révolutions sans s'effacer : celle de 1665, qu'il croyait fixe, trompa son attente : elle disparut en 1667, et ne reparut qu'en 1672 ; elle a passé ensuite, jusqu'à nos jours, par diverses périodes d'extinction et de renouvellement : dans une de ces périodes elle fut quatorze ans sans se montrer ; cette tache, ou plutôt cette masse ardente n'était point à dédaigner ; car, à en juger par son diamètre apparent, elle formait la dix-septième partie de celui de Jupiter, qui, comme l'on sait, est de plus de trente mille lieues.

Quant à la mobilité des taches ordinaires, elle n'est plus un problème, depuis que Dominique Cassini les a vues se mouvoir plus vite au centre que près des bords de Jupiter : il en résulte évidemment un mouvement propre à ces taches, combiné avec la rotation du globe.

L'Académicien le Monnier, qui a parlé de la plupart de ces phénomènes, dans ses institutions astronomiques, compare les effets terribles des bandes et des taches, à la révolution qui arriverait à notre globe, si l'Océan, venant à se former un nouveau lit, changeait les continens en mers, et les mers en continens : le brillant auteur de l'Histoire de l'Astronomie va encore plus loin : il réalise l'hypothèse, et suppose que la Zône la plus large de Jupiter est un fleuve impétueux qui traverse la planète dans sa Zône-Torride. Ces conjectures ingénieuses manquent par la base, parce qu'elles ne tiennent point à un système raisonné des mondes : il est reconnu aujourd'hui (et je n'ai pas besoin d'appeller ici en témoignage les sublimes rêveries de

Buffon), que Jupiter est dans un état de conflagration, qui ne permet pas de lui supposer d'autres fleuves que ceux qui sont raréfiés dans son atmosphère. Ses bandes et ses taches s'expliquent donc d'une manière infiniment plus heureuse, en faisant de la planète un astre lumineux, éteint à demi, qui n'a plus la force de projetter que sur sa surface, les masses hétérogènes, travaillées dans son sein, par les restes de son incendie primordial.

Enfin nous arrivons aux vraies taches des Astronomes, à ces énormes masses de feu, que des Soleils, dont la force de projectile est affaiblie, lancent à diverses distances sur la surface de leurs disques, ou dans leurs atmosphères.

Il est difficile, à cause de l'éloignement des Fixes, d'appuyer sur des faits la théorie de leurs taches : comment en effet voir des masses de feu projettées sur leurs disques, quand les meilleurs télescopes n'ont pu encore déterminer seulement leur parallaxe ?

Je me trompe : Halley, le célèbre Halley a reconnu des taches dans les Fixes, et il en cite six qui se trouvent dans le Sagittaire, dans le Centaure, dans Hercule, à l'épée d'Orion, dans le pied droit d'Antinoüs, et dans la ceinture d'Andromède.

Au reste on expliquerait de la manière la plus heureuse, par cette théorie, les changemens instantanés de forme ou de couleur, que l'astronomie de tems en tems a cru reconnaître dans les Fixes : telles que la nouvelle configuration découverte par Mairan dans la Nébuleuse d'Orion, et la rougeur primitive de Sirius, aujourd'hui l'étoile la plus brillante du firmament.

Pour donner à cet égard tout le poids nécessaire à la preuve que je tire de l'analogie, arrêtons-nous sur le Soleil de notre système ; si ses taches sont évidemment un effet de sa force de projectile, nous pourrons, en vertu de l'unité reconnue des loix de la nature, supposer le même phénomène dans Arcturus et dans Aldébaran.

Depuis près de deux siècles, qu'on observe les nébulosités qui défigurent presque en tout tems le disque de notre astre central, on a rassemblé un grand nombre de faits, qui pouvaient conduire à dissiper la nuit de notre Cosmogonie ; mais personne ne s'est occupé à les lier ensemble ; on a moins songé à embrasser d'une vue générale la théorie des taches, qu'à en calculer avec soin les apparences : le Soleil à cet égard a échappé au génie des Newton, pour être livré aux recherches laborieuses des Réaumur de nos Académies.

Depuis qu'il y a des Astronomes, on a reconnu que le Soleil ne brillait pas toujours d'une lumière pure et uniforme : le nom de taches peut être nouveau, mais le phénomène qu'il désigne ne l'est pas : toutes les histoires de l'antiquité déposent en faveur des espèces d'éclipses partielles occasionnées par les corps hétérogènes que cet astre projettait sur son équateur : et pour ne citer que de grands exemples, on a expliqué par une de ces taches la diminution de lumière, observée à l'époque de 535, pendant quatorze mois, et dont il est parlé dans l'histoire des Dynasties d'Aublfarage.

Il n'y a rien de si irrégulier que les taches Solaires : on les voit à l'équateur de l'astre et vers les poles : elles sont tantôt obscures, tantôt frappées d'une demi-teinte de lumière : elles s'effacent après quelques intervalles, et d'autres prennent leur place pour s'anéantir à leur tour.

Leur nombre varie sans loi connue : de 1650 à 1670, on n'en vit d'ordinaire qu'une ou deux; mais de 1749 à 1771, il y en eut toujours une assez grande quantité : à l'origine des découvertes, en 1611, le Jésuite Schéidner, Professeur de Mathématiques à Ingolstad, en avait apperçu jusqu'à cinquante à la fois ; tandis qu'en 1711 et en 1712, le disque de l'astre a paru de la lumière la plus pure et la plus égale, au rapport des astronomes de notre Académie.

La grandeur des taches varie comme leur nombre : quand elles sont en grande quantité, comme dans l'observation du Jésuite d'Ingolstad, elles ont très-peu de volume : il en faut dire autant de cette espèce de grêle de corps étrangers qu'on vit, le 12 Septembre 1715, se répandre sur le disque du Soleil, et occuper environ la vingtième partie de son diamètre : mais, quand elles sont rares, elles remplissent plus d'espace ; celles de 1763 et de 1719 avaient l'une trois fois l'autre quatre fois le volume de notre globe.

La durée des taches Solaires varie probablement, suivant l'intensité du feu qui les a organisées, et qui les modifie. La grêle du 12 Septembre 1715, dont on vient de parler, se divisa, dans la journée même, en deux espèces de fleuves de feu, et tout ce qui restait sur le bord occidental du disque disparut : le second Cassini croit que, jusqu'à son tems, on n'a pas vu detache plus permanente que celle de 1676, qui se maintint pendant soixante et dix jours sur la surface du Soleil.

On sent combien les Physiciens qui ont voulu juger les taches, sans sortir des limites du système Solaire, ont dû, d'après ces faits isolés, se permettre de vagues conjectures. Pour prémunir le sens droit des lecteurs contre de pareilles hypothèses, il suffit peut-être de les exposer.

L'astronome Oliver, qui d'ailleurs a écrit d'excellentes choses sur les comètes, incline à prendre les taches, qui quelquefois changent de forme même sous les yeux du spectateur, pour des nuages énormes de fumées et de vapeurs, flottant dans l'atmosphère du Soleil.

Il faut mettre avec les nuages d'Oliver, c'est à dire, dans un monde aërien, les volcans du Soleil qui, suivant Derham, dirigent leurs éruptions jusqu'à l'extrémité de sa surface : on sait que ce Derham est le Théologien pieux qui voyait le Paradis au travers de la lueur pâle d'Orion.

Je n'aime pas mieux l'idée de La Hire, que les taches sont des corps opaques, nageant dans un fluide immense, que celui ci tantôt couvre et tantôt découvre, parce qu'il en résulterait une immobilité réelle dans ces masses hétérogènes ; immobilité incompatible avec l'idée que nous présente un fluide aussi essentiellement actif que le feu : en vain de nos jours le laborieux La Lande a-t-il tenté de ranimer la cendre de ce système oublié, en prenant les taches pour les éminences d'un noyau solide, alternativement découvertes et recouvertes par le flux et le reflux de la matière ignée où elles sont plongées ; il n'existe point de

noyau

noyau solide dans l'élément de la lumière;
et quel serait le point de contact entre le
fluide dévorant du feu, qui n'exerce son
action sur les corps qu'en les assimilant
à sa propre substance, et notre tranquille
Océan, à qui il faut des siècles de flux et
de reflux pour ébranler un rocher?

L'astronome de Glascow. Wilson, n'a
pas mieux rencontré la vérité, en prenant
les taches pour de vastes gouffres, formés
dans la matière lumineuse de notre astre
central, par des vapeurs élastiques émanées de son sein, et qui écartent rapidement cette espèce d'atmosphère. Aucun
sçavant n'a adopté cette théorie, quoiqu'elle ait été couronnée en 1771, par l'académie de Coppenhague.

Il en est de la plupart des principes physiques, comme de l'œuf célèbre de Colomb : l'idée la plus simple est d'ordinaire
la plus vraie, mais c'est toujours la dernière qu'on adopte, parce que l'homme

X

semble condamné à épuiser toutes les erreurs avant d'arriver à la nature.

Il était bien naturel d'imaginer qu'un fluide aussi expansif que le feu, se trouvant pour ainsi dire à sa source, doit, dans un astre qui tourne rapidement sur son axe, lancer les masses hétérogènes qui s'y forment, de son sein à sa surface, comme on voit surnager l'écume au dessus du métal ardent qui bouillonne. Cette hypothèse est la seule qui se concilie avec tous les phénomènes des taches.

Dès que le corps étranger a été lancé, s'il reste en contact avec l'Océan de feu dont il émane, il doit être peu à peu divisé par un fluide aussi actif, jusqu'à ce qu'il rentre dans son élément; et ce travail du feu contre ces masses hétérogènes, a été quelquefois suivi par nos astromones: Dominique Cassini vit une tache en 1702 diminuer par nuances, non de grandeur, mais d'obscurité: elle me paraissait, dit-il, avoir toujours le même volume, mais sur la fin de mon observation, elle était devenue si diaphane qu'on la distinguait à peine du disque du Soleil.

L'activité du fluide igné s'exerce avec d'autant plus de succès sur le corps hétérogène, que celui-ci est, par sa proximité, plus soumis à son influence. On sent que la tache de 1702, qui se divisa, sous les yeux même de l'observateur, devait être infiniment plus proche du disque embrasé, que celle de 1676, qui se maintint soixante et dix jours intacte en présence du Soleil.

Il faut aller plus loin, malgré les préjugés philosophiques qui semblent circonscrire ma carrière, et tirer, de ma théorie des taches Solaires, les premiers linéaments de ma Cosmogonie.

Il y a, comme je l'ai déjà fait pressentir, des taches adhérentes au Soleil, qui s'anéantissent presqu'au moment où elles s'organisent ; d'autres, qui, lancées à quelque distance du disque, se maintiennent sans se dissoudre, pendant plusieurs révolutions de l'astre sur son axe : mais il en faut concevoir encore, qui, obéissant à une plus grande force tangentielle, peuvent, pendant une période très-courte, aller décrire une orbite planétaire, entre Mercure et le centre de notre système.

Au reste cette doctrine, toute paradoxale qu'elle paraît, n'est point une hérésie en astronomie : le sçavant Jésuite Scheidner, un des rivaux de Galilée, et le fils du grand Euler, ont tous deux écrit pour faire douter de l'adhérence de toutes les taches au corps du Soleil, et dans l'absence totale des faits, de pareils suffrages ne seraient point tout-à-fait à rejetter.

Sans invoquer le stérile appui des noms, quand il s'agit de la nature, travaillant lentement à l'organisation des mondes, il me semble que l'idée des taches-planètes, se concilie parfaitement avec la théorie connue du Soleil.

Il est impossible, quand on connaît la prodigieuse force expansive du feu, de la supposer un *instant dans un état d'inertie* : il faut que le Soleil projette sans cesse de son sein des masses ardentes, combinaison nécessaire de son mouvement et de l'hétérogeneité de ses molécules : où il n'a jamais rien projetté.

Il fut un temps, et ce temps touche à l'origine des mondes, ou la force expansive du Soleil, déployant toute son énergie, put projetter des masses ardentes de son sein, à une distance de près de dix milliards de lieues : mais le moment n'est pas venu d'entrouvrir avec l'imagination, le voile qui nous dérobe l'organisation de notre systéme.

Sans nous écarter de notre marche analytique de faits en faits, contentons-nous d'observer en ce moment, que le Soleil, qui, avec un dégré de force tangentielle, a lancé sur son disque des corps quatre fois plus gros que notre globe, qui, avec deux dégrés, les a retenus à une certaine distance pendant soixante et dix jours, avant de les dissoudre, a pu aussi, si cette force est parvenue à quatre dégrés, les faire circuler, comme des Satellites, dans un orbite particulier, à quelques millions de lieues de sa surface.

J'expliquerais, avec cette théorie, des phénomènes Solaires qui ont été jusqu'ici l'écueil de l'astronomie; par exemple l'absence totale des taches, sur le disque de notre astre central, pendant les années 1711 et 1712. Comme il serait absurde de supposer que la force expansive du feu a été deux ans dans une inertie absolue, il est bien plus naturel de doubler à cette époque son énergie, et de lui faire projetter des planètes éphémères, à une assés grande distance, pour que nos instruments ne pussent les confondre avec le disque du Soleil :

et si un Dominique Cassini n'a pu atteindre ces astres nouveaux dans le firmament, c'est que n'étant pas appuyés contre un foyer lumineux, qui aurait fait ressortir leur opacité, ils devenaient des points insensibles dans le vague de l'espace; comment pourrait-on en effet se flatter de reconnaître de pareils Satellites, à douze ou quinze cents mille lieues du foyer d'où ils émanaient, puisque Mercure lui-même, plus rapproché de nous, dans sa moyenne distance, de douze millions de lieues, échappe sans cesse à nos télescopes?

Ajoutons au développement de nos principes, que l'organisation des taches qui circulent autour du Soleil, est d'autant plus vraisemblable, que par une nouvelle conformité avec nos planètes, tout annonce qu'elles ont un atmosphère.

La belle tache du 10 Juin 1777, qui se maintenait depuis six jours, avec le même diamètre, se divisa à cette époque, et suivant un astronome de notre académie, il s'en forma trois petites auprès de la nébulosité de la grande : cette nébulosité, dans la langue de l'historien, n est autre chose que son atmosphère.

Le grand Cassini dissipe, au reste, à cet égard tous les nuages, en représentant la tache du 5 mai 1684, dans une nébulosité, qui, suivant ses expressions, avait la forme d'une nacelle, dans laquelle la masse opaque serait renfermée.

Il se présenterait un grand nombre d'autres inductions à tirer en faveur de notre hypothèse, si on analysait avec scrupule tous les phénomènes connus des taches : mais ce n'est point dans un ouvrage sur notre globe primitif, qu'il faut tout dire en astronomie.

En résumant le petit nombre d'idées premières, dont ce chapitre offre le développement, on arrive à des résultats qui vont devenir une des bases de notre Cosmogonie.

La force génératrice de la nature s'exerce sans cesse, parce qu'elle fait partie de son essence.

Cette force ne déploye toute son énergie que dans le corps central, d'où émanent médiatement ou immédiatement tous les mondes.

Elle s'affaiblit, soit par la multitude des astres intermédiaires, auxquels elle se communique, soit en raison de son éloignement de l'age où les premiers mondes s'organisèrent, soit enfin en raison de la distance incommensurable, qui separe le centre de la grande sphère de l'univers, de tous les points de sa circonférence.

Quoique notre système Solaire, avec ses vingt milliards de lieues de diamètre, ne semble qu'un point imperceptible dans le firmament, quoique son origine soit loin de se perdre dans la nuit des temps, quoique, par sa position vers une des extrémités de la grande circonférence, il annonce une nature infiniment affaiblie, cependant il indique les faibles restes de son pouvoir générateur par le phénomène des taches.

Lorsque les astres de ce système, par la dégradation de leur foyer embrasé, ne sont plus que des demi-Soleils, ils ne peuvent projetter que des masses de scories, nées de leur conflagration primitive; et ces masses sont d'autant plus durables, que le feu qui les travaille a moins d'activité pour les dissoudre : telle est l'origine des taches de Mars et des bandes de Jupiter.

L'astre central de notre système, malgré le dépérissement de son feu principe, étant encore un vrai Soleil, exerce sa force génératrice, soit en lançant de son sein sur sa surface, des masses embrasées qu'elle assimile bientôt à sa substance, soit en projettant loin de lui des Satellites éphémères, qu'on peut appeller des taches-planètes.

ÉCLAIRCISSEMENTS

ÉCLAIRCISSEMENTS
ET NOTES.

Les deux siècles, qui ont précédé celui de Louis XIV, furent consacrés aux connaissances les plus profondes dans tous les genres : on ne voyait paraître aucun ouvrage sur l'antiquité, dont l'auteur ne fut sçavant et ne portât la livrée de la science : la mine de l'érudition, à cette époque, fut exploitée jusques dans ses derniers filons.

L'age du génie et du goût vint ; alors on s'apperçut qu'on pouvait hérisser un livre de citations Grecques et Arabes, sans éclairer son lecteur, et on se dégouta peu à peu d'un amas indigeste de notes, qui sans étendre la sphère de la science, désignaient seulement que l'auteur avait de la patience et une bibliothèque.

A ce période, l'érudition fut mieux digérée : on ne s'amusa plus à prouver ce que personne n'ignorait; les ouvrages, sans être moins substantiels, diminuèrent de volume, et on écrivit moins pour se faire citer, que pour se faire lire.

Cependant comme l'homme de lettres, dans les matières importantes, ne doit point avoir l'orgueil d'aspirer à être cru sur parole, ceux qui unissaient le génie et la bonne foi, continuèrent à montrer au public les sources où ils avaient puisé : voilà le motif qui engagea Paschal à hérisser de citations son chef-d'œuvre des Provinciales.

Bayle vint ouvrir l'age de la raison, et comme il se frayait, au travers des préjugés, une route dangereuse, il voulut se montrer dépositaire des lumières de tous les siècles qui l'avaient précédé : cette grande idée le justifie un peu d'avoir trop surchargé de notes son fameux dictionnaire.

Depuis ce célèbre sceptique, tous les philosophes, qui ont été jaloux de leur renommée, n'ont point cru prostituer leur plume, en indiquant les sources où ils avaient puisé, soit leurs grandes vérités, soit leurs paradoxes.

Montesquieu, en particulier, a payé ce tribut à la bonne foi, en faisant de l'esprit des loix, un livre d'érudition et un livre de génie.

J'ai toujours regretté que deux des hommes les plus justement célèbres de ce siècle, Voltaire et l'abbé Raynal, ayent secoué cette espèce de joug, qui aurait tant ajouté à l'autorité de leurs ouvrages. Des citations faites à propos, sont des espèces de phares qui indiquent la route qu'on a tentée dans des mers nouvelles ; ces phares honorent le navigateur qui les construit, et éclairent ceux qui veulent le suivre dans les mêmes parages.

Au reste, quoique le peuple des écrivains ne connaisse aujourd'hui que la science en superficie, la saine partie du public, qui, à la longue, fait toutes les réputations, continue d'applaudir à l'homme de goût, qui fait marcher de front l'érudition et la philosophie : trente mille citations n'ont fait aucun tort à Anacharsis, et cette petite encyclopédie grecque est dans toutes les bibliothèques.

Si quelqu'ouvrage a besoin d'autorités, c'est sans doute un livre aussi neuf que cet essai sur le monde primitif : il ne faut pas que, marchant vers le sanctuaire de la nature, armé de tous les faits que j'ai trouvé épars sur le globe, je me laisse accuser en voilant leurs sources, d'avoir substitué des conjectures aux phénomènes, d'avoir fabriqué un système au lieu d'écrire une histoire.

Seulement pour ne pas rendre trop pénible la lecture de mon ouvrage, j'ai renvoyé à la fin de chaque volume, les notes qui le justifient : c'est un exemple que m'ont donné l'abbé de Mably dans son droit public de la France, et le philosophe Rousseau dans quelques-uns de ses écrits immortels; après avoir prononcé de tels noms, il est inutile de motiver une pareille hardiesse.

Page 25 et 27.
(Sur la grandeur du massif des Terres Australes.)

« La Nouvelle Hollande, dit Cook, est beaucoup
« plus grande qu'aucune autre contrée du monde
« connu, qui ne porte pas le nom de Continent.
« La largeur de la côte sur laquelle on a navigué,
« réduite en ligne droite, ne comprend pas moins
« de 27 dégrès, c'est-à-dire, près de 2000 milles, de
« sorte que sa surface en quarré, doit être beaucoup
« plus grande que celle de toute l'Europe.
Premier Voyage, édition *in-8º.* tome VII, page 191.

Page 29.
(Sur ce que les mers du Pole-Nord sont plus accessibles que celles du Pole-Sud à la navigation.)

« J'ai été assuré, par des gens dignes de foi,
« qu'un capitaine Anglais nommé Monson, au lieu
« de chercher un passage entre les terres du Nord,
« pour aller à la Chine, avait dirigé sa route droit
« au Pole, et en avait approché jusqu'à deux

« degrés : que dans cette route il avait trouvé une
« haute mer sans aucune glace. Voyez Buffon,
« *Histoire Naturelle*, édition *in*-12, tome I,
page 513.

Page 31.
(Sur le mouvement des mers, d'Orient en Occident.)

Je ne dois pas dissimuler que Pallas, bien meilleur
naturaliste que Buffon, quoiqu'il n'ait pas un aussi
excellent pinceau pour peindre la nature, croyait
peu à la grande influence du mouvement des mers
d'Orient en Occident, pour changer l'organisation
du globe : mais le Pline-Russe n'a que des doutes,
et celui de la France donne des faits, qui sont
dignes de notre analyse.

« Si l'on examine le gisement des terres, à com-
« mencer du Kamsatka jusqu'à la nouvelle Bretagne
« découverte en 1700, on sera très-porté à croire
« que l'Océan a rongé toutes les terres de ces cli-
« mats, dans une profondeur de quatre ou cinq
« cents lieues : que par conséquent les bornes
« orientales de l'ancien Continent ont été reculées
« et qu'il s'étendait autrefois beaucoup plus vers
« l'Orient : car on remarquera que la nouvelle Bre-
« tagne et le Kamsatka, qui sont les terres les plus

« avancées vers l'Orient, sont sous le même méridien :
« on observera que toutes les terres sont dirigées
« du Nord au midi ; le Kamsatka fait une pointe,
« d'environ 160 lieues du Nord au Midi, et cette
« pointe qui du côté de l'Orient est baignée par
« la mer Pacifique, et de l'autre par la mer Mé-
« diterrannée dont nous venons de parler, est par-
« tagée, dans cette direction du Nord au Midi,
« par une chaîne de montagnes ; ensuite Yeço et
« le Japon forment une terre, dont la direction est
« aussi du Nord au Midi, dans une étendue de plus
« de 400 lieues, entre la grande mer et celle de
« Corée ; et les chaînes des montagnes d'Yeço et
« de cette partie du Japon, ne peuvent pas man-
« quer d'être dirigées du Nord au midi, puisque
« ces terres, qui ont 400 lieues de longueur dans
« cette direction, n'en ont pas plus de 50, 60 ou
« 100 de largeur dans l'autre direction de l'Est à
« l'Ouest : ainsi le Kamsatka, Yeço et le Japon
« sont des terres, qu'on doit regarder comme con-
« tigues et dirigées du Nord au Sud : et, suivant
« toujours la même direction, l'on trouve après
« la pointe du Cap Ava au Japon, l'isle de Bar-
« nevelt et trois autres, qui sont posées les unes
« au dessus des autres, exactement dans la direc-

« tion du Nord au Sud, et qui occupent en tout
« un espace d'environ 100 lieues : on trouve en-
« suite dans la même direction, les trois isles de
« Callanos, rangées les unes au-dessus des autres du
« Nord au Sud : après quoi on trouve les isles
« des Larrons, au nombre de 14 ou 15, posées de
« même et occupant toutes ensemble, avec les pré-
« cédentes, un espace de plus de 300 lieues de lon-
« gueur, dans cette direction du Nord au Sud, sur
« une largeur si petite que dans l'endroit où elle
« est la plus grande, ces isles n'ont pas sept à huit
« lieues. Il me paraît donc que le Kamsatka, Yeço,
« le Japon oriental, les isles Barnevelt, du Prince,
« des Callanos et des Larrons, ne sont que les
« mêmes chaînes de montagnes, et les restes de
« l'ancien pays que l'Océan a rongé et couvert peu
« à peu. Toutes ces contrées ne sont en effet que
« des montagnes, et ces isles des pointes de mon-
« tagnes : les terreins moins élevés ont été sub-
« mergés par l'Océan, et si ce qui est rapporté
« dans les lettres édifiantes est vrai, et qu'en effet
« on ait découvert une quantité d'isles qu'on a
« appellées les nouvelles Philippines, et que leur
« position soit réellement telle qu'elle est donnée
« par le P. Gobien, on ne pourra gueres douter

« que les isles les plus orientales de ces nouvelles
« Philippines ne soient une continuation de la
« chaîne de montagnes qui forme les isles des
« Larrons : car ces isles Orientales, au nombre de
« onze, sont toutes placées les unes au-dessus des
« autres, dans la même direction du Nord au Sud :
« elles occupent en longueur un espace de plus de
« 200 lieues, et la plus large n'a pas sept ou huit
« lieues de large dans la direction de l'Est à
« l'Ouest......

« Si l'on supposait ces conjectures trop hazardées,
« du moins on ne pourra s'empêcher de m'ac-
« corder que le Kamsatka, Yeço, le Japon, les
« isles Bongo, Tanaxima, celle de Laqueo-grande,
« l'isle des Rois, celles de Formose, celle de
« Vaif, de Bashe, de Babuyanes, la grande isle
« de Luçon, les autres Philippines, Mindanao,
« Gilolo, etc. et enfin la nouvelle Guinée, qui
« s'étend jusqu'à la nouvelle Bretagne, située sous
« le même méridien que le Kamsatka, ne fassent
« une continuité de terres de plus de 2200 lieues,
« qui n'est interrompue que par de petits intervalles,
« dont le plus grand n'a peut-être pas vingt lieues :
« en sorte que l'Océan forme dans l'intérieur des
« terres du Continent Oriental, un très-grand golfe,

« qui commence au Kamsatka, et finit à la nou-
« velle Bretagne : que ce golfe est semé d'isles,
« qu'il est figuré comme le serait tout autre en-
« foncement que les eaux pourraient faire à la
« longue, en agissant continuellement contre des
« rivages, et que par conséquent on peut conjec-
« turer avec quelque vraisemblance, que l'Océan
« par son mouvement constant d'Orient en Occident
« a gagné peu à peu cette étendue sur le Continent
« Oriental, et qu'il a de plus formé les mers
« Méditerrannées du Kamsatka, de la Corée, de
« la Chine, et peut être tout l'Archipel des Indes :
« car la terre et la mer y sont mêlées, de façon
« qu'il paraît évidemment que c'est un pays inondé,
« duquel on ne voit plus que les éminences, et
« dont les terres plus basses sont cachées par les
« eaux : aussi cette mer n'est elle pas profonde
« comme les autres, et les isles innombrables qu'on
« y trouve, ne sont presque toutes que des mon-
« tagnes.

Voyez *Histoire Naturelle*, tome II. page 114.

Page 32.

(*Sur l'Isthme de Panama qui protège les deux Amériques*).

Cette opinion est du fameux Lehmann, un des

oracles de la Minéralogie : « peut-être que des « causes semblables, (des embrasemens souter- « reins, ou quelque grande révolution du globe) « ont formé le bassin de la baye de Honduras, qui, « sans l'Isthme de Panama, séparerait entièrement « la partie Septentrionale de l'Amérique, de sa « partie Méridionale. »

Voyez, *Traités de Physique, d'Histoire Naturelle, et de Minéralogie*, par Jean Gottlob Lehmann, tome III. page 18.

Page 33.
(*Sur les cinq chaînes de l'Afrique.*)

On peut voir des détails sur les cinq chaînes de ces montagnes primordiales dans *l'Essai de géographie physique*, imprimé en 1752, parmi les mémoires de l'académie des sciences : essai qui annonça dans Buache, son auteur, un philosophe et un géographe.

Page 39.
(*Accord de tous les monumens pour prouver le séjour de la mer sur le globe*)

Écoutons Wodward, qui semble sur ce sujet avoir ouvert la carrière. « J'ai fait toutes mes ob-

« servations en Angleterre, dont j'ai parcouru la
« plus grande partie, dans le dessein de voir tout
« par mes yeux.... J'ai voulu m'instruire de
« l'état présent de la terre et de tous les corps qui
« y sont renfermés, autant que les cavernes natu-
« relles, les mines, les carrières me pouvaient
« permettre la vue des parties intérieures du globe;
« ce qui ne m'a pas fait négliger sa surface,...

« Non content de mon travail particulier sur
« l'Angleterre, je cherchai des personnes qui eussent
« voyagé, et j'en trouvai de la plus grande inté-
« grité, incapables de m'en imposer par des récits
« hazardés, et assez curieux pour éclaircir mes
« doutes sur l'état du globe dans les contrées étran-
« gères. Je fis un tableau des recherches dont
« j'avais besoin, et je l'envoyai par-tout où mes
« amis ou moi pouvions avoir quelque correspon-
« dance.

« Le résultat de tant de travaux fut que je
« m'assurai, que la structure de la terre était la
« même dans les pays éloignés que je l'avais ob-
« servée en Angleterre; j'appris qu'en France, en
« Hollande, en Espagne, en Italie, en Allemagne,
« en Dannemark, en Suède et en Norwege, les

« substances terrestres, étaient disposées par cou-
« ches : que ces couches étaient divisées par des
« fentes parallèles : qu'il y avait dans l'intérieur des
« pierres et des substances les plus compactes, une
« grande quantité de coquillages et d'autres pro-
« ductions de l'Océan, comme dans l'isle qui
« forme nos trois royaumes : j'ajouterai que je
« me suis instruit par la même voye, que les mêmes
« phénomènes s'observaient en Barbarie, en Egypte,
« en Guinée et dans les autres contrées de l'Afrique,
« en Arabie, en Syrie, en Perse, au Malabar, à
« la Chine et même à la Jamaïque, aux Barbades,
« dans la Virginie, au Brésil, au Pérou et dans le reste
« du nouveau monde : voyez *géographie physique*,
« ou *Essai sur l'histoire naturelle de la terre*,
« page 2, 3 et 4. »

Page 41.
(*Sur le Parallelisme peu constant des couches
de la terre.*)

Un inspecteur général des mines de France,
qui a beaucoup voyagé et beaucoup médité sur
les phénomènes naturels, dont il a été témoin dans
ses voyages, s'exprime ainsi :

« Il y a beaucoup de terreins composés de cou-

« chos distinctes, et observant entre elles une es-
« pèce de parallélisme : mais il est absolument faux
« que cela soit par-tout : plus souvent même la
« terre n'offre aucune distinction entre ses parties.
« Cette vérité est encore plus sensible quand on
« porte ses regards vers les lieux primitifs. . . .
« Les grandes montagnes à chaînes, celles dans
« lesquelles se trouvent les filons ne sont point en
« couches. Voyez *nouveau système de minéralogie*
« *par M. Monnet*, page 48.

Page 42.
*(De la disposition des couches du globe, contre
leur pesanteur spécifique.)*

Lehmann va nous fournir une preuve authentique que les couches du globe ne sont pas disposées suivant leur pesanteur spécifique, et cette autorité ne laisse pas que d'avoir quelque poids sous la plume d'un des grands apôtres du déluge.

« Voici le résultat de mes découvertes minéra-
« logiques, sur la position des couches aux en-
« virons du Hartz, jusqu'au près du comté de
« Mansfeld.

« 1°. La couche de terre végétale qui varie
« d'épaisseur suivant les circonstances.

« 2°. Sous ce premier lit, une couche de pierre
« calcaire de couleur grise, qui par le frottement
« produit l'odeur de l'urine de chat. Ce lit a 6
« verges ou 42 pieds de Dresde d'épaisseur.

« 3°. Suit une espèce d'albâtre, dont l'épaisseur
« varie depuis 4 jusqu'à 30 verges.

« 4°. Au dessous on trouve un vrai Tuf, nommé
« dans le pays, roche brute, il a 2 verges et 20
« pouces d'épaisseur.

« 5°. Pierre à chaux commune, dans la pro-
« fondeur de deux verges ; elle fait effervescence
« avec les acides.

« 6°. Pierre calcaire, remplie de sable et mêlée
« d'argile, qui ne s'étend d'ordinaire qu'à une
« demi-verge,

« 7°. Glaise durcie, qui n'a communément qu'un
« pouce d'épaisseur.

« 8°. Dans l'étendue des trois quarts d'une
« verge, mélange confus de terre calcaire et ar-
« gilleuse.

« 9°. Pierre feuilletée ou ardoise grise qui a
« seize pouces.

« 10°. Espèce d'ardoise, composée en grande
« partie d'argile noire, comme celle qui renferme

« du cuivre, mais contenant très-peu de métal :
« son épaisseur est de 6 pouces.

« 11°. Ardoise noire peu cuivreuse, et n'ayant
« qu'un pouce.

« 12°. Ardoise moyenne, peu riche en métal,
« quoique sa surface l'annonce ; elle s'étend à
« quatre pouces.

« 13°. Bonne ardoise cuivreuse dans l'étendue
« d'un seul pouce.

« 14°. Lit de grais verdâtre, chargé de cuivre
« et de la même épaisseur.

« 15°. Roche appellée improprement pierre
« cornée par les ouvriers des mines. C'est une
« pierre composée d'un mélange de terre calcaire
« et argilleuse, et d'un sable grossier entremêlé
« de pierres de moyenne grandeur ; ce lit a en-
« viron une demi-verge.

« 16°. Argile bleue, dont l'étendue varie depuis
« 2 jusqu'à 8 pouces.

« 17°. Roche composée d'argile, de terre cal-
« caire, de mica, de talc et de sable. Elle paraît
« entièrement rouge à cause des parties ferrugi-
« neuses qu'elle renferme. Sa profondeur est d'une
« verge.

« 18°. Roche rouge très-compacte, composée de

« terre calcaire, de gravier et de cailloux, dont
« l'épaisseur est depuis 20 jusqu'à 60 verges ; voilà
« le lit qu'on avait regardé jusqu'à présent comme
« la base, sur laquelle toutes les autres couches
« reposent : mais mes observations m'ont fait con-
« naître qu'il existe encore d'autres lits sous cette
« roche rouge.

« 19°. Roche feuilletée, dure, rouge et ferrugi-
« neuse, qui ne fait point effervescence avec les
« acides, et qui semble de la nature du Jaspe ou
« de la pierre cornée : cette roche qui prend le
« poli, a depuis 6 jusqu'à 16 verges d'étendue.

« 20°. Un gravier grossier, de l'épaisseur de trois
« quarts de verge.

« 21°. Sable rouge de la nature du lit qui
« précède, mais d'un grain un peu plus fin. Il a
« une verge d'épaisseur.

« 22°. Ardoise rouge, composée d'une argile
« mêlé de fer et qui s'étend depuis 4 jusqu'à 8
« verges.

« 23°. Argile ferrugineux, connu sous le nom
« de pierre couleur de foye : il s'étend jusqu'à
« 8 verges.

« 24°. Ardoise de 6 à 10 verges d'épaisseur qu'on
« appelle pierre bleue de charbon.

Pierre

« 25°. Pierre argilleuse grise et compacte qui a depuis un huitième jusqu'à un quart de verge d'épaisseur.

« 26°. Charbon de terre qui s'étend à un quart de verge.

« 27°. Ardoise blanc, où sont les empreintes des fleurs de l'*Asteris Præcox Pyrenaicus*, l'épaisseur est d'un quart de verge.

« 28°. Pierre feuilletée noire, espèce de pierre cornée, qui a d'épaisseur de 6 à 15 toises.

« 29°. Lit d'argile de pierre calcaire de sable de cailloux, qui sert d'ordinaire de base au charbon de terre ; il a d'étendue de 7 à 10 toises.

« 30°. Lit de terre calcaire et de terre argilleuse, mêlée de sable : sa couleur est rouge, parce qu'elle est ferrugineuse : ce lit a jusqu'à 30 verges d'épaisseur. On y rencontre d'ordinaire, des pierres arrondies de la grosseur d'un œuf, qui sont de la même substance que le lit et qui s'en détachent sans peine.

» Ce dernier lit touche à la montagne primordiale.

Voyez, *Essai d'une Histoire Naturelle des couches de la terre*, par *Lehman*. Page 305 à 314.

Page 47.

(*Sur le mont Canigou.*)

Voyés sur les expériences faites au Canigou, *l'histoire physique de la Mer*, par le comte de Marsigli, page 11, et sur la hauteur de ce Pic des Pyrénées, *l'histoire de l'académie des sciences*, année 1708, page 24.

Page 47.

(*De la proportion entre la profondeur des mers et la hauteur des montagnes qui leur correspondent.*)

Voici comment s'exprime Schneider, dans ses observations sur le second discours de D. Ulloa.

« Les navigateurs attentifs, ont remarqué dans
« presque tous les parages, que la profondeur des
« mers était le long des côtes, dans le rapport du
« plan plus ou moins oblique de ces mêmes côtes :
« c'est-à-dire, que si elles sont très-escarpées, la
« mer qui les baigne est très-profonde. On trouve
« la même observation dans le voyage de Dampier,
« tome 11, page 476 ; elle n'a pas échappé non
« plus aux habitants des côtes de la Norwège,
« comme nous l'apprend Pontoppidan dans son

« *Histoire Naturelle de Norwège*, page 125, la
» mer, dit-il, forme sur-tout à l'Ouest beaucoup
» de grands et de petits golphes de six à dix
» milles d'étendue ; le fond de la mer y est bien
» différent : mais en général il est dans le rap-
» port de l'élévation des terres voisines : ainsi,
» pour estimer la profondeur de l'Océan, il suffit
» de jetter les yeux sur la montagne la plus voi-
» sine. Voyez, *Mémoires philosophiques, historiques et physiques de Dom Ulloa. Tome 2, page* 137.

Voici un autre texte d'un bon géographe.

« A mesure qu'un vaisseau approche du Conti-
« nent, le pilote s'apperçoit que la profondeur
« des mers diminue, que leur lit s'élève et qu'il
« gagne par une rampe insensible les terres dé-
« couvertes. Voyés, *Mémoires sur une nouvelle
Mappemonde, par Boulanger, Paris* 1755, brochure in-quarto.

Un des témoignages les plus importants est celui
de Dampier, un de nos voyageurs les plus éclairés et
de nos meilleurs géographes.

« J'ai toujours remarqué que dans les endroits,
« où la côte est défendue par des rochers escarpés,
« la mer y est très-profonde, et au contraire, dans
« les lieux où la terre penche du côté de la mer,

b 2

« le fond y est bon et parconséquent l'ancrage :
« à proportion que la côte penche ou est escarpée
« près de la mer, à proportion trouvons-nous aussi
« que le fond, pour ancrer est plus ou moins pro-
« fond ou escarpé.... Quand, comme sur la côte
« du Chili ou du Pérou, la côte est perpendicu-
« laire, la mer y est profonde.... Les côtes de
« Galice, du Portugal, de Norwège, de Terre-
« Neuve, etc. sont à cet égard comme celle du
« Pérou, quoique moins dépourvus de bons havres.

« Généralement parlant, tel est le fond qui paraît
« au dessus de l'eau, tel est celui que l'eau couvre,
« et pour mouiller sûrement, il faut ou que le fond
« soit au niveau, ou que sa pente soit bien peu
« sensible : car s'il est escarpé, l'ancre glisse et
« le vaisseau est emporté....

« Ce que je viens de dire, qu'on mouille d'or-
« dinaire sûrement près des terres basses, se con-
« firme par plusieurs exemples.

« Au midi de la baye de Campêche, les terres
« sont basses pour la plupart ; aussi peut-on ancrer
« tout le long de la côte, et il y a des endroits
« à l'Orient de la ville, où vous avés autant de
« brasses d'eau que vous êtes éloigné de la terre ;

« c'est-à-dire, depuis 9 à 10 lieues de distance ;
« jusqu'à ce que vous en soyez à 4 ; et de là jusqu'à
« la côte, la profondeur va toujours en diminuant.

« .... On n'aurait jamais fait si l'on voulait pro-
« duire tous les exemples qu'on pourrait trouver :
« on dira seulement en général qu'il est rare que
« les côtes hautes soient sans eaux profondes, et
« au contraire les terres basses et les mers peu
« creuses se trouvent presque toujours ensemble. »
Voyez, *Voyages de Dampier autour du monde*,
tome 2, page 476.

Page 52.

(Sur le mont Ararat et son abyme).

Voici quelques traits du texte de Tournefort sur
le grand abyme du mont Ararat.

« Du haut du grand abyme, se détachent à tout
« moment, des rochers, qui font un fracas effroyable,
« et ces rochers sont de pierre dure et noirâtre ;
« il n'y a d'animaux vivants qu'au bas de la mon-
« tagne et vers le milieu.... C'est dans cette der-
« nière partie que se trouvent les tigres et les cor-
« neilles ; tout le reste de la montagne est couvert
« de neiges, depuis que l'Arche s'y arrêta, et ces

« neiges sont cachées la moitié de l'année sous des
« nuages.

« .... Pour éviter les sables qui nous fatiguaient
« singulièrement, nous tirames droit vers de grands
« rochers, entassés les uns sur les autres, comme si
« l'on avait mis le mont Ossa sur le mont Pélion....
« Nous atteignîmes ensuite un amas de neiges qui
« avait plus de trente pas de diamètre.... Cette
« neige était crystallisée : nous en pilames un frag-
« ment dont nous remplîmes notre bouteille....

« Bientôt après nous retombâmes dans des sables
« qui couvraient le dos de l'abyme.... C'est une
« effroyable vue que celle de cet abyme ; et
« David avait raison de dire que ces sortes de lieux
« montraient la grandeur du Seigneur. On ne pouvait
« s'empêcher de frémir quand on le découvrait, et
« la tête tournait pour peu qu'on voulût en con-
« templer les précipices. Les cris lugubres d'une
« infinité de corneilles, qui volent sans cesse d'un
« côté à l'autre augmentent encore l'effroi. On n'a
« qu'à s'imaginer une des plus hautes montagnes
« du globe, qui n'ouvre son sein que pour faire voir
« le spectacle le plus affreux qu'on puisse se repré-
« senter : tous ces précipices sont taillés à plomb,
« et les extrémités en sont hérissées et noirâtres

« comme s'il en sortait quelque fumée, qui les
« dégradât : il n'en sort cependant que des tor-
« rents de fange. Voyez, *Relation d'un voyage
du Levant*, tome 5, page 224 jusqu'à 228.

Page 56.

(Sur les mines du Hartz.)

C'est sur des mémoires infidelles, que j'ai supposé tant de profondeur aux mines actuelles du Hartz; dans l'intervalle de l'impression de mon texte et de ces notes, j'ai eu des lumières nouvelles qui doivent servir à me rectifier.

Il résulte des mesures géométriques du baron de Reden; comparées aux mesures barométriques de Jean André du Luc, que trois des plus fameuses mines de cette partie de l'Allemagne, n'ont qu'une profondeur très-peu remarquable. La galerie de la Bénédicte, n'a gueres que 953 pieds, le puits de la Dorothée 1015, et celui de la Caroline 1023. Voyés. *Journal de physique*, tome xv, année 1780, page 217.

Page 64.

(D'un tremblement de terre en Libye.)

Le texte de ce père de l'église sur le tremblement

de terre de la Libye, se trouve Tract. de Mira-
culis, lib. ii. cap. 3.

Page 65.

(Du peu de profondeur de la mer, autour de
l'écueil volcanique des Açores.)

Le récit de la naissance de la roche Volcanique
des Açores est tiré d'une lettre d'un consul Français
à Lisbonne, témoin oculaire de ce phénomène et
qui l'écrivit à un membre de l'académie des sciences.

« La nuit du 7 au 8 décembre 1720, il y eut
« un grand tremblement de terre dans l'isle de
« Torcère et dans celle de St. Michel, distantes
« l'une de l'autre de 28 lieues, et l'Isle Neuve
« sortit.

« On remarqua en même temps que la pointe
« de l'isle du Pic qui était à 30 lieues, et qui, au-
« paravant jettait du feu s'était affaissée, et n'en
« jettait plus : mais l'Isle Neuve répandait continuel-
« lement une grosse fumée.... Le pilote assure
« qu'il avait fait dans une chaloupe le tour de
« l'isle, en s'approchant le plus qu'il avait pû,
« du côté du Sud ; il jetta la sonde et fit soixante
« brasses sans trouver de fonds ; du côté de l'Ouest

« il trouva les eaux fort changées, elles étaient
« d'un blanc bleu et verd, qui semblait du bas
« fond, et qui s'étendait à deux tiers de lieues :
« elles paraissaient vouloir bouillonner; au Nord-
« Ouest, qui était l'endroit d'où sortait la fumée,
„ il trouva quinze brasses d'eau fonds de gros
„ sable : il jetta une pierre à la mer, et il vit à
„ l'endroit où elle était tombée, l'eau bouillonner
„ et s'élancer en l'air avec impétuosité; le fond était
„ si chaud qu'il fondit deux fois de suite le suif
„ qui était au bout du plomb.... L'isle est à peu
„ près ronde et assés haute pour être apperçue,
„ dans un temps clair, de 7 à 8 lieues. Voyez *Mé-
„ moires de l'Académie des sciences de Paris*,
„ année 1722, page 12.

Page 67.

(Du peu de profondeur du Cratère du volcan
de Ternate.)

Le texte d'Argensola se trouve dans ses *Voyages*,
tome 1, page 21, on sçait que l'isle de Ternate
a sept lieues de tour et n'est qu'un sommet de
montagne,

ÉCLAIRCISSEMENTS

Page 69.

[D'UNE CRITIQUE DE BUFFON, PAR LE CHEVALIER HAMILTON.

« Buffon, dans sa théorie de la terre, dit le
« chevalier Hamilton, n'accorde aux feux souter-
« rains que le pouvoir d'élever de petits monticules;
« il pense que le siège de ces feux n'est que
« très-superficiel : le foyer du volcan se trouve
« toujours selon lui au centre ou vers le sommet
« des montagnes primitives; si ce grand philoso-
« phe eut été informé que le Vésuve qui s'élève
« de 3659 pieds et demi, au-dessus du niveau de
« la mer et dont la base s'étend sur près de trente
« milles de circonférences, et que le mont Etna
« qui ne s'élève pas moins que de 10056 pieds
« au dessus du même niveau, avec une base d'en-
« viron 180 milles de circuit, furent formés aussi
« évidemment par une suite d'éruptions ou d'ex-
« plosions volcaniques de plusieurs siècles, que
« le Monte Nuovo près de Pouzzole, le fut par
« une seule éruption dans l'intervalle de 48 heures;
« je crois qu'avec de semblables connaissances,
« il aurait surement écrit d'une manière différente
« l'Histoire des Volcans. *Oeuvres complettes du*

n *chevalier Hamilton*, traduction française, à page 11.

Page 70.
(DU GOUFFRE DE STAFFORD.)

Ce fait est tiré d'une observation du docteur Plott, insérée dans le *Journal des Sçavants*, du lundi 15 janvier 1680.

Ce gouffre connu, dans le pays, sous le nom d'El-den-Hole, attira, en 1729, les regards d'un autre naturaliste anglais, nommé Cotton : il fila deux mille six cents cinquante deux pieds de corde et la sonde tira toujours. Voyez, *Transactions philosophiques*, n°. 407.

Cet abyme est perpendiculaire; quoique son orifice soit sur les flancs d'une montagne, il n'est pas à plus de cent vingt pieds de hauteur au dessus du niveau des terres.

Page 70.
(CITATIONS DE BOYLE, SUR LES GRANDES PROFONDEURS DE LA TERRE.

Le trait de Boyle se trouve dans l'édition anglaise de ses œuvres, tome 3, page 232.

xxviij ÉCLAIRCISSEMENTS

Page 71.

(Sur le puits d'Amsterdam.)

„ Dans une fouille que l'on fit à Amsterdam
„ pour faire un puits, on creusa jusqu'à 232 pieds
„ de profondeur et on y trouva les couches de
„ terre suivantes : 7 pieds de terre végétale, 9 de
„ tourbes, autant de glaise molle, 8 d'arène, 4 de
„ terre, 10 d'argile, 4 de terre, 10 d'arène, sur
„ laquelle on a coutume d'appuyer les pilotis qui
„ soutiennent les maisons d'Amsterdam : ensuite
„ 2 pieds d'argile, 4 de sablon blanc, 5 de terre
„ sèche, 1 de terre molle, 14 d'arène, 8 d'argile
„ mêlée d'arène, 4 d'arène mêlée de coquilles,
„ enfin une épaisseur de 102 pieds de glaise et
„ 31 pieds de sable, après quoi l'on cessa de
„ creuser. Voyez, *Varenii Geograph. général*,
Page 46.

Page 74.

(Sur les autorités de ce Chapitre.)

Ce chapitre est fait d'après les cartes combinées des Pallas, des Gmelin, des Cook, des Buache et des Danville.

Il a fallu assujettir à un plan général les idées

éparses et individuelles qu'on trouve dans le *Notitia orbis antiqui* de Cellarius, dans la géographie générale de Varenius, et dans l'excellente collection de Busching, après laquelle nous n'avons à citer aucun bon livre de géographe.

J'ai été obligé de parcourir une foule de voyageurs Français, Anglais, et Allemands, de me pénétrer des excellents mémoires des Buache et des Desmarest, qui sont dans notre Académie Royale des sciences, de lier à ma théorie quelques résultats de l'histoire naturelle de Buffon, et même de consulter quelques articles bien faits du chevalier de Jaucourt dans l'ancienne Encyclopédie.

Outre ces citations générales, j'en aurais un grand nombre de détail à fournir, qui répandent le plus grand jour sur ma théorie : mais je les crois plus à leur place dans le volume suivant, à l'examen raisonné de la structure des montagnes.

Page 87.

(Du Tchadir-Dagur, ou Mont de la Tente.)

„ On a remarqué, dit le baron de Tott, que
„ la plaine des Noguais, qui prolonge le conti-
„ nent de la Crimée, était presqu'au niveau de

„ la mer, et que l'Isthme présentait un autre ni-
„ veau plus élevé de trente ou quarante pieds.
„ Cette plaine supérieure occupe la moitié sep-
„ tentrionale de la presqu'isle : après quoi le
„ terrain hérissé de rochers et chargé de mon-
„ tagnes, dirigées de l'Ouest à l'Est, est pyramidé
„ par le Tchadir-Dague ou le mont de la Tente.
„ Ce Tchadir-Dagne est l'intermède qui lie les
„ Alpes au Caucase. Voyez, *Mémoires du baron
de Tott*, tome 2, page 133.

Page 94.

(Sur la communication sous-marine du Caucase
aux Terres Australes.)

Buffon a dessiné une troisième route beaucoup plus longue entre le Caucase et les terres Australes, je l'ai indiqué dans une note précédente; son objet au reste n'était pas le mien : il ne voulait que prouver l'effort de la mer Pacifique contre les terres Orientales.

Le texte de Buffon mérite d'être médité, parce que, contre son intention, il en résulte moins de lumière pour son opinion que pour notre hypothèse.

Page 100.

(Du système de Burnet.)

L'ouvrage de cet Anglais est connu sous le nom

de *Théoria telluris sacra* ; ainsi le titre prévient déjà contre sa lecture : on voit que l'écrivain n'a pas songé a observé la nature, mais à plier les faits à l'autorité de la Genèse.

Burnet admet un cahos, antérieur à la Cosmogonie de Moyse.

Il désigne, pour la première révolution du globe, le moment où les parties les plus denses de la matiere, se sont précipitées vers le centre du globe, et y ont achevé de se consolider : le reste s'est partagé en deux fluides, dont le plus grossier a formé l'eau, et le plus léger, l'atmosphère.

L'huile qui surnageait sur l'eau, se mêla bientôt avec un air grossier et composa une espèce de limon qui fut le germe de nos Continents.

Jusqu'au moment du déluge, la terre était sans montagnes, et la croute limoneuse dont on vient de parler, en couvrait toute la surface ; le grand Cataclysme de Noé arriva alors ; le globe éprouva un horrible tremblement de terre, l'enveloppe des mers se brisa, les eaux s'élevèrent avec violence, et le genre humain, à l'exception d'une famille, fut anéanti.

Page 101.

(Sur le Système de Whiston.)

Whiston, n'a intitulé son livre que *Théoria*

telluris nova; cependant sa théorie est plus sacrée que celle de Burnet: elle explique Moyse, autant qu'une Cosmogonie religieuse peut-être expliquée par la Physique :

Whiston voit si bien Moyse partout, qu'il induit du texte sacré, que notre globe fut autre fois une comète brûlée, et que le déluge est dû à une inondation causée par la queue de celle de 1780. Il y a cependant un peu loin des premiers versets de la Genèse à la théorie des comètes.

Page 101.

(Sur le système de Bourguet.)

Il est exposé dans le mémoire sur la théorie de la terre qui termine ses *Lettres philosophiques sur la formation des sels et des crystaux* ; édit d'Amsterdam de 1729, cet ouvrage précieux et rare, renferme une foule d'observations pleines de sagacité sur diverses branches de la physique, qui ont singulièrement servi à Buffon pour élever son grand édifice de la nature.

Page 102.

(Sur le système de Leibnitz).

Le système de Leibnitz est moins développé qu'enseveli

qu'enseveli dans la volumineuse collection des
œuvres de ce grand homme, donnée par Dutens.
Voyez une lettre à Bourguet, tome VI, page 213.

D'après le paradoxe du Descartes Allemand,
que la terre était primitivement une tache du
Soleil, on pourrait demander si la Lune fut aussi
une tache de notre globe, et quel serait, dans
une pareille hypothèse, le germe de l'anneau de
Saturne et des Satellites de Jupiter.

Page 102.

Sur le Système de Sulzer.)

L'opinion de cet écrivain célèbre est consignée
dans un mémoire qui a pour titre : *Conjecture
physique sur quelques changements arrivés à
la surface du globe terrestre :* on le trouve dans
le tome XVIII des mémoires de l'Académie des
sciences de Berlin, année 1762 ; on pourra juger
de sa manière de voir, par le texte que je vais
transcrire.

« Qu'un tremblement de terre fende un pro-
» montoire, qui formait alors le bord d'un lac :
» voilà des eaux qui en sortent avec impétuo-
» sité, charriant tout ce qui était déposé à leur
» fonds et détachant encore d'autres matières qui

„ se trouvent sur leur passage. Toutes ces matières
„ sont portées à la mer, et déposées là, elles
„ forment de nouvelles isles dans l'Océan : mais
„ ces nouvelles isles ne sont composées que de
„ décombres. A cette première sortie des eaux
„ d'autres succedent, et à celles-ci encore d'autres,
„ jusqu'à ce que tous les lacs d'une des grandes
„ isles soient écoulés : que ces écoulements se
„ fassent dans des temps plus ou moins éloignés
„ les uns des autres, et on comprendra sans peine,
„ comment la partie de l'ancien Océan qui oc-
„ cupait l'espace d'un isle à l'autre, par exemple
„ celui qui est entre les Pyrenées et les Alpes, a
„ pu être rempli de décombres, au point de
„ combler le fond de l'Océan et de former des
„ terres habitables.

Page 103.

(Sur le Système de Pallas.)

Ce système est exposé dans un petit ouvrage du
sçavant académicien de Pétersbourg, qui a pour
titre : *Observations sur la formation des Montagnes* : on en voit la substance depuis la page 74,
jusqu'à la page 91 ; l'auteur se résume ainsi
lui-même.

« Je ne prétends point donner, comme exempte
« de toutes difficultés, cette hypothèse, qui n'est
« après tout qu'un composé de ce que plusieurs
« grands hommes ont imaginé sur cette matière :
« mais j'ose avancer que la variété des moyens em-
« ployés par la nature, en formant et dérangeant
« les montagnes, et changeant la surface des terres,
« est trop évidente, pour pouvoir en rendre raison
« par aucune hypothèse, qui s'attache à un seul
« ou à un petit nombre de ces moyens. En ad-
« mettant au contraire tous ceux dont nous voyons
« sur notre globe les traces indubitables, les catas-
« trophes dont l'histoire des hommes et le grand
« code de la nature nous ont conservé des monu-
« mens, on doit s'approcher le plus de la proba-
« bilité : le seul point de perfection à désirer en
« fait d'hypothèses. Il me semble sur-tout qu'au-
« cune cause plus naturelle que celle que je viens
« d'admettre, ne pourrait être imaginée, pour rendre
« raison du déluge universel et de plusieurs inon-
« dations moins générales constatées par les tradi-
« tions des peuples.

« Mais cette supposition pourrait ne point flatter
« la tranquillité luxurieuse des nations, qui habitent
« de vastes plaines, puisque les petits effets de

„ Volcans sousmarins dans certains parages, dont
„ les siècles de l'histoire conservent tant d'exem-
„ ples, ne sçauroient que faire craindre quelque
„ jour des catastrophes plus terribles et fatales à
„ plus d'une hémisphère.

„ Heureux alors ces Colons des montagnes, que
„ le sort semble avoir maltraités, en les plaçant
„ entre les rochers inaccessibles des Alpes! ils
„ seront la nouvelle pépinière du genre-humain :
„ et conquérans sans carnage, les plaines balayées
„ par les flots deviendront leur domaine.

Page 105.

(DES ÉPOQUES DE LA NATURE DE BUFFON.)

L'analyse que j'ai faite de l'hypothèse de Buffon, sur l'organisation de l'univers, est tirée des deux premiers tomes de son *Histoire Naturelle* édition in-douze, qui contiennent la théorie de la Terre; du tome IV du supplément qui interprète cette théorie, et sur-tout du tome IX du même supplément où se trouvent les époques de la nature.

Parmi les réfutations de ce système qui doivent faire époque, il faut distinguer celle de deux aca-démiciens des sciences de Paris, qui réunissent la décence aux lumières; en voici quelques fragments.

auxquels il est difficile de répondre autrement que par des sophismes et des phrases.

« Il n'est pas possible que la comète, (qui a fait
« notre système planetaire) ait pénétré le corps
« du Soleil : si elle l'eut fait, il est aisé de con-
« cevoir, que bien loin de chasser hors du Soleil
« une partie de la substance de cet astre, elle
« aurait elle-même perdu son mouvement par l'effet
« de la résistance.

« Je conçois encore moins que le torrent chassé
« par a comète hors du Soleil ait pu ne pas être
« continu, ou s'il l'était, toutes ses parties ont dû
« s'attirer réciproquement, et de cette gravitation
« il n'a dû résulter qu'un seul et unique corps
« céleste, et non pas six planètes principales avec
« dix Satellites.

« C'est un principe reconnu que les corps les
« plus denses sont les plus propres au mouvement.
« Comment donc a-t-il pû se faire que la comète
« ait projetté les parties moins denses qui com-
« posent Saturne, vingt-cinq fois plus loin que les
« parties beaucoup plus denses qui ont servi à la
« formation de Mercure ?

« Si la comète, en sillonnant obliquement le
« Soleil, a imprimé aux particules qu'elle en a dé-

» inclées deux espèces de mouvements, l'un de
» projectile et l'autre de rotation, ces deux mou-
» vements auraient dû être proportionnels : or ils
» ne le sont pas. La promptitude du mouvement
» de la Terre dans son orbite est plus grande que
» celle de Jupiter dans la sienne, et au contraire
» la rotation de Jupiter est beaucoup plus prompte
» que celle de la Terre....

» La formation des Satellites dans ce système, est
» essentiellement opposée aux lois de la physique :
» quoi ! la force centrifuge des parties les moins
» denses d'un fluide sphérique, tournant sur son
» axe, suffira seule pour que ces parties s'échappent
» et se séparent de la masse générale ! la force
» attractive de la masse, trop faible pour se les
» conserver toujours réunies, sera assez forte pour
» les empêcher de fuir toujours dans la direction
» de la Tangente, par laquelle elles se sont échap-
» pées, et les forcera de tourner circulairement
» à une distance assez grande de cette masse qui
» n'a pu les retenir ! et quand cela serait, la
» théorie des forces centrales démontre que
» ces parties ainsi séparées, reviendraient à la fin
» de chaque révolution au point d'où elles étaient
» primitivement parties. Il n'y a point ici de comète

« qui choque et déplace la terre Saturne et Jupiter.

Voyez, **Cometographie**, ou *traité historique et théorique des Comètes*, par le P. Pingré de l'académie des sciences, tome 2, page 173.

« Rien n'est plus ingénieux que l'hypothèse des
» époques de la nature : voici cependant une ob-
» jection tirée de la théorie des forces centrales,
» que je soumets aux lumières de son illustre
» auteur.

« On sçait que les orbites de Saturne, de Ju-
» piter, de Mars, de la Terre, de Vénus et de
» Mercure, sont presque circulaires : cette forme
» de trajectoires semble s'opposer au système des
» époques. Supposons en effet, que les diverses
» planètes ayent été lancées en masse et telles
» qu'elles existent actuellement ; il est démontré,
» par la théorie des forces centrales, que, dans cette
» hypothèse, à chacune de leur révolution autour
» du Soleil, ces corps devraient passer précisément
» par les mêmes points d'où ils ont été lancés, et
» comme par la supposition ils ont été détachés
» d'une même partie du Soleil, ils devraient avoir
» des points de leurs orbites, extrêmements voi-
» sins les uns des autres : de plus ces orbites de-
» vraient approcher très-peu du Soleil dans le péri-

» liée, puisqu'anciennement ces points faisaient
» partie du corps même du Soleil. Voyez, *Essai
» sur les Comètes*, par M. Dionis du Séjour,
page 195.

Page 118.

(Sur les Comètes qui approcheraient assez de la
terre pour noyer l'espèce humaine).

L'astronome Lalande composa, en 1773, un mémoire sur cet objet, qu'il destinait à être lu à l'académie des sciences, et qui effraya singulièrement les hommes à imagination ardente, qui font et détruisent les mondes avec la queue des comètes.

Ce mémoire était d'autant plus étrange, que lui-même avait imprimé que celle des comètes qui approche le plus de la terre, en est à trois cent mille lieues. *Astronomie*, tome 3 page 137.

Au reste ce sçavant estimable se trompa sous tous les points. Car il est aujourd'hui reconnu que de toutes les comètes calculées par les astronomes, celle qui s'est vue la plus voisine de la terre est celle de 1770, qui n'a approché de son orbite qu'à la distance de 629120 lieues. Voyez, *Essai sur les Comètes*, par M. du Séjour, page 46.

ET NOTES. xlj

Page 154.

(Sur la Parallaxe du Soleil.)

La parallaxe d'un corps céleste, est la différence entre le lieu où il paraît, vu de la surface de notre globe, et celui où il nous paraîtrait si nous étions à son centre. La détermination de l'angle formé par les deux lignes, qui partent du centre et de la surface de l'endroit de l'observation, pour aller se réunir au foyer du corps céleste qu'on observe, conduisent à calculer sa distance.

C'est sur l'autorité de Maraldi, du grand Cassini, et de l'abbé de la Caille, que la parallaxe du Soleil est marquée ici d'environ 10 secondes : mais nous ne devons pas nous dissimuler que les observations ultérieures des astronomes sur le passage de Vénus, l'ont réduite à 9, et tout récemment, les membres les plus éclairés de l'académie des sciences ne croyent cette parallaxe que de 8 secondes 67 tierces, ou plus probablement de 8 secondes 75 tierces.

Dans une théorie générale du globe, on ne peut descendre à tous ces petits détails : des nombres ronds suffisent aux calculs : C'est par cette même raison que nous disons, d'après le géomètre Euler, que l'étoile fixe la plus proche de nous, en est quatre cents mille fois plus éloignée que le Soleil: voyés, *Lettres à une Princesse d'Allemagne* dernière édition, tome I. page 224.

Ce calcul est peut-être un peu trop fort; car il supposerait une distance de 15.200,000,000,000 lieues, tandis qu'une supputation plus minutieuse de l'astronome la Lande ne l'évalue qu'à 6,771, 757,000,000. Voyez *Astronomie*, tome III. page 169; l'imagination la plus orientale, s'effraye quand il s'agit de choisir entre deux nombres dont l'un s'exprime en treize et l'autre en quatorze chiffres.

Page 155.

(Sur le nombre des Comètes.)

« Entre Vénus et Mercure, la table de Halley
« donne 17 comètes, et 6 entre Mercure et le Soleil;
« ce qui fait à peu près la raison de trois à un,
« où celle du quarré des distances de ces deux
« planètes au Soleil.

« Le quarré de la distance de Saturne, surpasse
« à peu près six cents fois le quarré de la distance
« de Mercure. Ainsi en plaçant partout des péri-
« hélies à même intervalles, nous aurions déjà dans

« notre système six fois six cents ou 3600 périhélies
« avec autant de comètes. . . . .

« Voici une estimation plus juste ; en prenant
« pour base la comète de 1680, dont le périhélie
« était plus de soixante fois plus près du Soleil que
« Mercure, on pourra loger entre Mercure et
« le Soleil 3600 périhélies, que nous avions dis-
« persés jusqu'à Saturne ; car ce nombre fait pré-
« cisément le quarré de soixante ; de cette manière
« nous en aurions 600 fois autant jusqu'à Saturne
« ou au-delà de deux millions ; enfin comme on
« peut supposer à côté du périhélie de 1680, deux
« ou trois périhélies semblables, une évaluation
« très-modique fera mouvoir dans notre Système
« Solaire pour le moins cinq cents millions de
« comètes. Voyez le *Système du monde*, analysé
« d'après les *lettres Cosmologiques* de Lambert,
« pages de 45 à 49.

Page 161.

(Sur la décomposition des Corps.)

La Chymie moderne croit atteindre à la décomposition des mixtes, à l'aide de ses creusets et de
ses alambics : mais c'est une erreur ; cet art tor-

rible détruit et ne décompose pas. Je n'entends par une vraie décomposition qu'une analyse complette, et elle ne s'opère pas par des moyens violens. La nature à cet égard est notre modèle. Elle employe à analyser les êtres, non le feu terrible des fourneaux chymiques, mais la chaleur douce et bénigne de l'atmosphère. Cette chaleur est l'ame de la fermentation, par laquelle tout se détruit et s'organise : car détruire n'est pour la nature qu'un moyen d'organiser.

Page 162.

(Sur l'essence de la matière.)

J'ai analysé ici quelques-uns des principes que j'ai jettés autrefois, au devant de la *philosophie de la nature* : car ma première pensée ne m'a point paru une erreur brillante : de plus, je ne crains point qu'on s'apperçoive que j'ai jetté, il y a vingt ans, les bases de ma Cosmogonie.

Pour bien entendre la théorie de ce chapitre, il faut bien se persuader que la matière dans son origine, (qu'on me pardonne ce blasphème, car le mot d'origine semble contradictoire avec celui de matière élémentaire), que la matière primitive, dis-je, est indifférente à tout : que ses élémens sont essentiellement homogènes, et qu'elle ne doit ses modifications qu'au différents moules qui la reçoivent ; comme un métal en fusion devient, tantôt une pièce de monnaye, et tantôt la statue de Louis quatorze.

Page 165.

(QUE LE MOUVEMENT EST ESSENTIEL A LA MATIERE).

C'est en 1777, que je jettai les premières bases de cette grande question, lorsqu'on publia la troisième édition de la *philosophie de la nature*. Depuis, en méditant sur quelques textes de *l'Optique* de Newton, il m'a paru que je m'étais rencontré avec ce grand homme, quoique nous partissions de deux points bien opposés, lui du Christianisme, et moi de la contemplation de la nature.

Voici un autre fragment du troisième livre de *l'Optique*, qui ne paraitra pas obscur, quand on voudra le lire dans l'esprit avec lequel il a été composé.

« Pour que l'ordre des choses puisse être constant,
« l'altération des corps ne doit consister qu'en
« séparations, nouvelles combinaisons et mouvemens
« de ces particules. . . .

« Ces particules n'ont pas seulement une force
« d'inertie, d'où résultent les loix passives du
« mouvement, mais elles sont mues encore par
« certains principes actifs, tels que celui de la
« gravitation, celui de la fermentation, celui de
« la cohésion. Je considère ces principes, non
« comme des qualités occultes qui résulteraient
« de la forme spécifique des choses, mais comme
« des loix générales de la nature, par lesquelles
« les choses mêmes sont formées. La vérité de
« ces loix se manifeste par l'examen des phéno-
« mènes, quoique leurs causes ayent échappé
« jusqu'à ce jour : mais si ces causes sont occultes
« les effets sont de la dernière évidence. . . . .

Voyez la nouvelle traduction de *l'Optique*, re-
visée par le grammairien Beauzée, tome II. page 273.

Page 166 et 167.

(Du feu d'un boulet et de celui de l'Alcohol.)

Les deux faits de ce genre qui servent d'appuy
à ma doctrine, sont tirés des *élémens de Chymie*,
de l'illustre Boërhaave : le premier se trouve au
tome II. de la traduction Française, page 133, et
le second au tome III. page 101.

Page 167.

(DE LA MÉTAMORPHOSE DU DIAMANT EN FEU.)

Voyez, *Lithologie* de Lesser, page 503, *Mémoires de l'académie des sciences*, année 1735 et *Dictionnaire de Chymie*, de Macquer, dernière édition, tome I, au mot *diamant*.

Page 168.

(DU FLUIDE IGNÉ RENFERMÉ DANS LE VERRE.)

Consultés *Expériences sur l'électricité*, faites à Philadelphie par Franklin, *édition de Dalibard*, tome I, lettre 5.

Page 180.

(DE DEUX CALCULS DE NEWTON.)

Le calcul sur la rareté de l'Éther, est tiré du livre 3 de son *Optique* et celui de l'intervalle parcouru par la queue de la comète de 1680, de ses *Principes mathématiques*, traduction de madame du Chatelet, tome I, page 154.

Page 182.

(DE LA PROPAGATION DE LA GRAVITÉ.)

Le calcul dont il est question dans ce texte,

est du géomètre la Place, et se trouve dans l'académie des sciences, *Mémoires des sçavants étrangers*, année 1775, page 175.

Page 185.

(D'un texte de Halley, sur l'infinité de l'espace.)

On peut consulter à cet égard les *Transactions philosophiques*, année 1720, n°. 364.

Page 194.

(De la population de l'univers par les comètes.)

Les preuves de cette théorie du profond Lambert se trouvent, *Système du monde*, pages 39, 49 et 60.

Page 197.

(Idée de Buffon sur la profondeur de l'Ellipse de la comète de 1680.)

Voyez, *Histoire Naturelle*, édition *in-12*, supplément, tome IV. page 304. Le calcul de cet homme extraordinaire, a depuis été rectifié par son brillant disciple Bailly, *Histoire de l'astronomie moderne*, tome III. page 77.

Page 204.

Page 204.

(Des COMÈTES QUI VOYAGENT DE SYSTÈME EN SYSTÈME.)

Le texte que j'analyse est tiré du *système du monde*, chap. IX, page 76.

Les réflexions de l'ingénieux Lambert, sur les courbes diverses que l'attraction fait décrire aux corps célestes, me donne lieu d'en faire une sur les longs tâtonnements de l'astronomie, depuis qu'elle cessa de croire les astres cloués à la voute du firmament, jusqu'à ce siècle de lumières.

Je ne puis croire qu'il y ait eu des physiciens, qui aient imaginé qu'un corps céleste une fois mis en mouvement par un projectile, ait suivi éternellement la ligne droite : car il en aurait résulté aux yeux de la simple raison, que cet astre n'aurait pu se montrer qu'une seule fois dans l'espace.

Le firmament paraissant toujours le même, les observateurs cherchèrent une courbe qui put se concilier avec l'uniformité des apparences célestes, et ils trouvèrent le cercle. Comme le mouvement circulaire est le plus régulier de tous, cette espèce de perfection, qui semblait émaner de l'idée

d

simple et sublime de la nature, fut, pendant un grand nombre de siècles, une espèce de démonstration de la supériorité du système.

Cependant les observations multipliées par le génie, et combinées avec les découvertes du télescope, contrariaient cette théorie : alors on eut recours à l'Ellipse, le plus parfait des Ovales, et la physique s'ouvrit un nouveau sanctuaire.

Malheureusement la perfection est une chimère, dans les phénomènes d'une matière modifiée depuis tant de milliards de milliards de siècles. Nos astronomes aujourd'hui abandonnent encore l'Ellipse et expliquent le cours des Comètes avec la Parabole.

Page 210, etc.

(DE LA DISTANCE DES FIXES.)

Les calculs dont il est fait mention dans ce texte, sont ceux de Dominique Cassini, qu'on trouve, *académie des sciences*, année 1706. *Histoire*, page 112 — de Kepler, *de Stellâ novâ*, page 80 et 82 — d'Huygens, dans l'analyse de son *Cosmothéoros*, faite par Fontenelle, *académie des sciences*, année 1717. *Histoire*, page 63 — de Lalande, *astronomie*, tome III. page 169. Ce der-

ET NOTES.

nier a fait un autre calcul dans l'*Encyclopédie méthodique*, page 693 du tome I. du *Dictionnaire de mathématiques*, et il y suppose la distance cherchée, de sept millions de millions de lieues.

L'évaluation du célèbre Bailly est consignée, dans *l'Histoire de l'astronomie moderne*, tome III. page 61 : celle d'Euler, dans les *Lettres à une princesse d'Allemagne*, tome I. page 8 , et celle de Lambert dans le *Système du monde*, page 99.

Deux de ces astronomes ont joint à leurs calculs des comparaisons destinées à les rendre sensibles à la multitude. C'est ainsi qu'Huygens a affirmé, que l'espace entre nous et les Fixes est tel, qu'un boulet de canon qui conserverait sa vitesse primitive, serait sept cents mille ans à le parcourir. Le grand Cassini, qui admet la même similitude, prolonge cette durée jusqu'à douze cents mille. Voyez *Cosmothéoros*, page 137, et *académie des sciences*, année 1717.

Page 225.

(SUR LE PRODIGIEUX ÉLOIGNEMENT DE SIRIUS.)

Histoire de l'astronomie moderne de Bailly, tome II. page 684 et 685. *Élémens d'astronomie* de Jacques Cassini, tome I. page 52, et *Supplément de l'Histoire Naturelle*, par Buffon, tome IV. note de la page 306.

Page 229.

(DE LA GROSSEUR DE SIRIUS.)

Voyez Huygens, *Cosmothéoros*, part 2. cap. 8.

Page 230.

(PARALLAXE DE QUATRE ÉTOILES DE LA PREMIÈRE GRANDEUR.)

Voyez, abrégé des *Transactions philosophiques* édition de Bremond ; IV. page 332.

Page 245.

(DES ÉTOILES NÉBULEUSES.)

Voyez une foule de détails sur cet objet, dans les *Transactions philosophiques* de l'année 1733 ; le docteur Derham, chanoine de Windsor, y donne l'histoire succincte de ce phénomène, et il y joint le catalogue des Nébuleuses, donné par le célèbre Halley et par Hévélius.

Même Page.

(DES DIX MILLE ÉTOILES DE L'ABBÉ DE LA CAILLE.)

On pourrait joindre à cette découverte, celle

de l'abbé de Beauchamp, qui dans un séjour de plusieurs années à Bagdad, capitale d'une des contrées, qui semble avoir donné naissance à l'astronomie, vient de déterminer la position de cinq à six mille étoiles australes, visibles sur cet horison. *Journal de physique*, tome XXXVI, page 20.

Page 248.

(DES ÉTOILES MULTIPLES.)

Voyés sur celles dont Herschell a dressé le catalogue, les *Transactions philosophiques* de 1782 et de 1785. L'astronome Mayer, mort dans l'intervalle de ces deux époques, avait déjà apperçu, avant le musicien astronome, soixante et douze étoiles doubles avec ses télescopes. Cassini de Thury vérifia à Paris les découvertes d'Herschell, avec des instrumens qui ne grossissaient les objets que 460 fois, et il rencontra dans le firmament de nouveaux grouppes d'étoiles; mais respectant la propriété d'Herschell, il n'a pas osé en dresser le catalogue. Voyez *Mémoires de l'académie des sciences*, année 1784, page 557.

Page 249.

(DE LA QUANTITÉ INNOMBRABLE DES ÉTOILES TÉLES-
COPIQUES D'HERSCHELL.)

C'est avec un télescope de quarante pieds et du poids de mille trente-cinq livres, que le célèbre astronome a fait la plupart de ses découvertes. Il a trouvé des parties du firmament tellement peuplées d'étoiles, que dans une Zône de quinze dégrés de long, sur deux de large, il en vit passer en une heure cinquante mille, assez distinctement pour les compter. *Journal de physique*, tome XXXII., page 4.

Herschell, en réunissant la plupart de ses découvertes dans un seul foyer de lumière, présume que le nombre des étoiles peut aller à soixante quinze millions. *Ibid.* tome XXX. page 14.

Même page.

(DE SOIXANTE ET QUINZE GRANDEURS D'ÉTOILES).

Voyez Lambert, *Système du monde*, page 130.

Page 253.

(CALCUL SUR LA MASSE DU GLOBE).

Voyez Lalande, *astronomia*, tome III. page 123.

Page 262.

(Sur l'éloignement des étoiles de la voye
Lactée).

Voyez, Lambert, *Système du monde*, page 104.

Page 273.

(Sur la résistance de l'Ether).

Notre académie des sciences proposa pour un
de ses prix, en 1762, cette grande question : si
les planètes se meuvent dans un milieu, dont la
résistance produise un effet sensible sur leur mouvement. L'abbé Bossut remporta ce prix, et il
trouva que l'action de la résistance se bornait à
diminuer l'axe de l'orbite.

Page 276.

(Sur l'immutabilité du Firmament.)

Le géomètre dont il s'agit ici est l'ingénieux la
Place : voyez les Mémoires de *l'académie des
sciences*, année 1787, page 268 et 279.

Page 277.

(Des inégalités séculaires.)

Newton les avait pressenties, comme on peut en

juger par ce passage du livre 3 de son *Optique* :
„ Les planètes de notre système se meuvent en un
„ même sens, dans des orbites concentriques, à
„ quelques petites irrégularités près, qui peuvent
„ provenir de l'action réciproque des comètes et
„ des planètes, et qui pourront augmenter, jusqu'à
„ ce que le système ait besoin d'être réformé.

Page 279.

(Du déplacement de l'écliptique.)

Il est démontré qu'il a pour cause unique;
l'attraction des planètes de notre système. Voyez
un mémoire de Lalande dans l'*académie des
sciences*, année 1776, page 457.

Si l'on voulait une nouvelle preuve de l'altération de la figure de la terre, on la trouverait dans le texte suivant du géomètre Laplace.

„ Si l'on considère que suivant les nouvelles ob-
„ servations faites dans les montagnes de l'Écosse,
„ les eaux de l'Océan, dont la plus grande partie
„ de la surface du globe est recouverte, sont d'une
„ densité moindre que sa densité moyenne, et
„ que certaines parties des continents sont fort
„ élevées au dessus du niveau de la mer, il est

„ impossible de se refuser à croire, que, si la
„ terre a été primitivement Elliptique, comme il
„ est naturel de le supposer, elle a dû éprouver
„ de grandes révolutions, qui ont très-sensiblement
„ altéré sa figure, *académie des sciences* 1776,
„ page 230.

Même page.

(Sur l'équation séculaire de la Lune.)

Voyez un Mémoire du géomètre Laplace, *académie des sciences*, 1786, page 235.

Euler était persuadé que l'équation séculaire de la Lune, n'était que l'effet de la résistance du milieu, dans lequel se mouvent les planètes : idée qui n'a pas fait fortune parmi les géomètres-astronomes. — *Nouvelles recherches sur le mouvement de la Lune*, au tome IX, des prix de l'académie page 15.

Page 280.

(Du mouvement séculaire de Vénus.)

Quoique le peu de masse de Vénus empêche qu'on ne soumette au calcul ses inégalités, cependant cette planète a une équation séculaire, Voyez, *académie des sciences* 1785, mémoires, page 248.

Page 281.

(Sur les perturbations réciproques de Saturne et de Jupiter.)

Voyez, l'académie des sciences, 1741, histoire page 123, les deux mémoires de MM. de Lalande et de la Place, année 1784: page 1 et 310, et un autre non moins curieux de l'année 1766, page 363.

On ne parle point ici des perturbations accidentelles, occasionnées par les Comètes : c'est ainsi que le dérangement extraordinaire, remarqué dans Saturne, vers le milieu de ce siècle, a pû avoir pour cause l'approche de la belle Comète de 1745; c'est cette même Comète, qu'on soupçonna dans le temps d'avoir dérangé le mouvement de Mercure. Il fallut une énorme série de calculs astronomiques au docteur Bévis, pour prouver qu'une pareille cause n'avait pu altérer les élémens de l'orbite de cette petite planète. Voyez, *Transactions philosophiques*, année 1744, n°. 473.

Les observations de Kepler, d'Hevelius et de Flamstéed, sur le même objet, se trouvent réunies dans les *Transactions philosophiques* de 1683, n°. 146. Quant à l'idée étrange de Jacques Cassini dont j'ai parlé à la page 282, on la rencontre dans les mémoires de *l'académie des sciences*, année 1746, page 455.

Page 284 et 286.

(Sur les Comètes de 1770 et de 1682.)

Voyez *académie des sciences*, 1776, page 604 et 648, et *Théorie des comètes*, par Clairaut, brochure *in-8°*. imprimée en 1760.

Page 287.

(Sur l'affaiblissement du mouvement du Soleil.)

Voyez, Plutarch. *de placitis philosophorum*, lib. XV. cap. 18, et mémoire de Laplace, *académie des sciences*, 1786, page 395.

Page 289 et 290.

(Sur les vicissitudes de plusieurs des Fixes.)

Consultés sur le déplacement d'Arcturus, l'*Encyclopédie méthodique*, dictionnaire de mathématiques, tome II. page 782.

Sur le changement de forme d'Orion, l'*Aurore Boréale* de Mairan, page 262.

Sur les vicissitudes de couleur de Sirius, les

observations de Barker, dans les *Transactions philosophiques* de l'année 1760.

Et par rapport aux variations de la grandeur apparente des étoiles du Serpentaire; les *Élémens d'astronomie* de Cassini, tome I, page 74 et 77.

Page 291.

(DE LA CHANGEANTE DE LA BALEINE.)

Voyez, *académie des sciences*, année 1719; histoire, page 66, et Mémoires, page 94. Les *Élémens d'astronomie*, de Jacques Cassini, tome I, page 18, et les *Transactions philosophiques*, de l'année 1780.

On pourrait ajouter à tous ces faits sur les variations des étoiles, les observations qui nous ont été transmises, par diverses académies de l'Europe, sur les trois astres changeants de la constellation du Cygne; il y en a un en particulier dans le nombre, dont la période a été calculée : elle est de 405 jours. Cette étoile, après avoir paru dans son plus grand éclat, diminue de grandeur et disparaît totalement : après quoi elle revient à sa première splendeur ; c'est l'astronome Kirch, de la société royale de Berlin, qui en fit la découverte. Voyez, *Transactions philosophiques*, n°. 343. De nos jours on a vérifié ces anciens calculs, et M. le Gentil, par une série d'observations, depuis 1747, jusqu'en 1758, a reconnu que l'ancienne période était devenue plus courte de deux ou trois jours. Voyez, *académie des sciences*, année 1759, Mémoires, page 227.

Page 294.

(DES NOUVELLES ÉTOILES.)

Par rapport à celles qui ont été découvertes par les anciens. Voyez, Plin. *histor. natural.* lib. 2, cap. 26.

Sur l'étoile de 389, l'*almageste* de Riccioli, tome II. page 130.

Sur celle de 1572, Tycho-brahé, *de nova stella* ann. 1572 et *astronomia* de Jacques Cassini, tome I. page 59.

Page 304.

(DE L'OUVERTURE DE CENT LIEUES SOUPÇONNÉE DANS LA LUNE.)

Cette observation est de Dom Ulloa, commandant de la flotte de la nouvelle Espagne : il assure que le 24 juin 1778, il vit distinctement le disque du Soleil à travers le corps de la Lune, avant qu'il débordât le disque de cette seconde planète.

Voyez, *Journal de physique*, tome XV, page 319.

L'ouverture était de cent lieues, suivant les Mémoires de *l'académie de Berlin*, année 1778.

Page 304 à 318.

(Sur les taches des Planètes et des Fixes.)

Voyez, sur les prétendues taches de Mercure et de Vénus, Mémoires de *l'académie des sciences* année 1706, page 96, et année 1700, histoire, page 121.

Sur les points brillants de l'anneau de Saturne, un mémoire de M. Messier, *académie des sciences* 1774, page 49 et 349 : quant aux nébulosités du cinquième satellite de cette planète, on peut consulter le tome premier de *l'astronomie* de Jacques Cassini, page 638.

Par rapport aux taches de Mars, un Mémoire de Maraldi dans *l'académie des sciences*, de 1720, page 144.

Sur les bandes de Jupiter, voyez, *l'Optique* de Smith, tome II. de la traduction française, page

430 : l'*académie des sciences*, 1708, histoire, page 90 et mémoires, page 240 : les *Élémens d'astronomie* de Jacques Cassini, tome I. page 403 ; l'*académie des sciences* avant son renouvellement, tome II. page 81, les *Institutions astronomiques*, de le Monnier, *passim*, et l'*Histoire de l'astronomie moderne*, tome II. page 715.

Quant aux taches des Fixes, cette belle découverte de Halley se trouve dans les *Transactions philosophiques*, n°. 347.

Enfin sur la diminution de la lumière du Soleil qui eut lieu, suivant l'histoire en 535, Voyez Abulfarage, *histor. Dynastiar.* page 94 et 99.

Page 518, etc.

(DES TACHES DU SOLEIL.)

Voyez sur le phénomène des cinquante taches, vues par Scheidner, sa *Rosa Ursina*, imprimée en Italie, en 774 pages in-folio.

Sur la grêle de taches de 1715, l'histoire de l'*académie des sciences* de la même année, page 59.

Sur la grosse tache de 1763, observée par Lalande, *traité d'astronomie*, tome III. page 391.

Sur celle de 1719, l'histoire de l'*académie des sciences* de cette année, page 75.

Sur la durée de la tache de 1676, les *Élémens*

d'astronomie de Jacques Cassini, tome I. page 81.

Sur la nature des taches, une opinion d'Oliver, dans l'*Essai sur les Comètes*, page 22 et 23. Une idée de Derham, *Transactions philosophiques*, n°. 330. Un système de Lahire, *académie des sciences*, 1702, mémoires, page 138 et un paradoxe de Lalande, même ouvrage, année 1776, page 507.

Par rapport au travail du feu Solaire sur les taches, *l'académie des sciences*, 1702, histoire, page 73.

Par rapport à la non-adhérence de la plupart des taches au disque Solaire, la *Rosa Ursina* de Scheidner, déjà citée, et le *recueil pour les astronomes* de J. Bernouilli, tome I. page 216.

Enfin sur l'atmosphère de la tache de 1717, *l'académie des sciences*, 1778, mémoires page 507. Quant à l'anecdote de Dominique Cassini, sur la tache du 16 mai 1684, elle est consignée dans le Journal des Sçavants de 1686.

FIN DES NOTES ET DU PREMIER VOLUME.

TABLE
DES CHAPITRES.

CONSIDÉRATIONS PHILOSOPHIQUES, pour servir d'introduction à l'HISTOIRE DU MONDE PRIMITIF, Page 1.

DE L'ARCHITECTURE GÉNÉRALE du globe actuel. 20.

DE LA GÉOGRAPHIE Souterraine. 59.

THÉORIE particulière des Montagnes. 74.

FAIBLESSE des Systêmes philosophiques, qui expliquent, par l'origine du globe, celles des montagnes primordiales. 96.

DE BUFFON, et de ses époques de la nature. 105.

DE QUELQUES PRINCIPES, qui peuvent conduire à déterminer un petit nombre d'époques dans le Monde Primitif. 142.

CONJECTURES PHILOSOPHIQUES, sur les êtres élémentaires, ou fondements d'une nouvelle Cosmogonie. 151.

DE L'INFINITÉ DE L'ESPACE : gradation et harmonie des corps célestes qui y décrivent leurs orbites. 184.

DES ALTÉRATIONS et des Vicissitudes des globes célestes qui peuplent l'Espace. 269.

PREMIERES IDÉES sur l'organisation des mondes. Considérations sur les taches des Soleils. 297.

ECLAIRCISSEMENTS et Notes, Page 1.

FIN DE LA TABLE.

www.ingramcontent.com/pod-product-compliance
Lightning Source LLC
Chambersburg PA
CBHW052130230426
43671CB00009B/1188